YITTA HALBERSTAM y JUDITH LEVENTHAL

Pequeños milagros del Más Allá

*Sueños, visiones y señales
que nos conectan con el Más Allá*

EDICIONES OBELISCO

Si este libro le ha interesado y desea que le mantengamos informado
de nuestras publicaciones, escríbanos indicándonos qué temas son de su interés (Astrología,
Autoayuda, Ciencias Ocultas, Artes Marciales, Naturismo, Espiritualidad, Tradición…)
y gustosamente le complaceremos.

Puede consultar nuestro catálogo en www.edicionesobelisco.com

Colección Espiritualidad y Vida interior
Pequeños milagros del Más Allá
Yitta Halberstam y Judith Leventhal

1.ª edición: mayo de 2016

Título original: *Small Miracles from Beyond*

Traducción: *Joana Delgado*
Maquetación: *Marga Benavides*
Corrección: *M.ª Jesús Rodríguez*
Diseño de cubierta: *Enrique Iborra*

© 2014, Yitta Halberstam y Judith Leventhal
(Reservados todos los derechos)
© 2016, Ediciones Obelisco, S. L.
(Reservados los derechos para la presente edición)

Edita: Ediciones Obelisco, S. L.
Pere IV, 78 (Edif. Pedro IV) 3.ª planta 5.ª puerta
08005 Barcelona - España
Tel. 93 309 85 25 - Fax 93 309 85 23
E-mail: info@edicionesobelisco.com

ISBN: 978-84-9111-098-9
Depósito Legal: B-10.779-2016

Printed in Spain

Impreso en España en los talleres gráficos de Romanyà/Valls S. A.
Verdaguer, 1 - 08786 Capellades (Barcelona)

*Para mi esposo, Motty, cuya bondad
y amabilidad son de otro mundo*
YITA HALBERSTAM

*Para mi padre, Hersel Frankel,
y para mi tío y mi tía, Isser y Malku Handler.
Desde las cenizas del Holocausto,
forjasteis vidas inspiradoras y llenas de sentido.
Eso es el Más Allá.*
JUDITH LEVENTHAL

Prólogo

*E*n lo más profundo del corazón de mucha gente reside un enorme miedo aleatorio. Luchamos contra la inquietante sensación de que los acontecimientos de nuestras vidas son caprichosos y carentes de sentido, y de que es posible que los desafíos de la existencia humana no sirvan para nada. En las noches oscuras del alma, cuando nos visitan –y atormentan– las grandes cuestiones que evitamos durante las horas diurnas de frenética actividad, nos preguntamos: ¿Por qué estoy aquí? ¿De dónde vengo? ¿Cuál es mi papel en todo esto? ¿Por qué hay un universo? ¿Estamos solos en el cosmos? ¿Existe una inteligencia divina tras la apariencia de tiempo, espacio, energía, materia, vida, las sencillas historias humanas tranquilizan a quienes buscan validar la existencia, confirmar que todo (y todos) es parte del Gran Plan.

Cuando en 1997 vio la luz *Small Miracles: Extraordinary Coincidences from Everyday Life* (*Pequeños milagros. Coincidencias extraordinarias de la vida cotidiana*), causó un gran impacto en los lectores norteamericanos, y fue recibido con gran entusiasmo por aquellas personas que anhelaban descubrir unas pautas y un propósito en su mundo personal. Al ofrecer una perspectiva espiritual en las coincidencias y exponer la tesis de que los seres humanos están conectados entre sí (en realidad con todas las formas de vida) de un único modo, *Small Miracles* echó por tierra la idea de que conceptos como suerte, destino y azar eran meras ilusiones –unos conceptos que se interponían en el camino de la iluminación y de la espiritualidad–. A través

7

de las historias reales, de las asombrosas coincidencias acaecidas en las vidas de gente ordinaria, *Small Miracles* confirmó a los lectores que los sucesos ocurridos en sus vidas eran trascendentes, y, aún más, les confirmó que ellos mismos eran seres humanos sagrados con unas vidas cargadas de propósito y de significado. Dos semanas después de su publicación, *Small Miracles* saltó a las listas de los libros más vendidos con unas ventas próximas al millón de ejemplares sólo en Estados Unidos (fue traducido además a dieciséis lenguas), testificando así la sed incansable de los lectores por los signos externos que narramos, y que nos relacionamos de manera activa con todo aquello que hay «ahí fuera».

Pero también hay otras cuestiones sobre las que no dejamos de pensar: aquellas que giran no en torno a la vida propiamente, sino en torno a la muerte, a su interrogante. ¿Cómo acaba todo esto? ¿Qué sucede cuando el corazón se detiene, los pulmones dejan de ventilar, el hígado de desintoxicar? ¿Desaparezco y ya está? ¿Todo lo que he hecho en este mundo a lo largo de mi vida —mis habilidades, mis conocimientos, mis recuerdos, las cosas que me han formado— es absorbido por un pantagruélico agujero negro o es trasportado a algún sitio?

Sé que mi cuerpo se descompondrá, pero ¿qué sucederá con su fuerza animada, con mi alma? Es inmortal... ¿irá a algún sitio? Y, si es así ¿dónde exactamente? ¿Y qué hay de mis seres queridos? ¿Qué pasará con mi relación con ellos, con las conexiones anímicas que constituyeron el néctar de mi vida... con todo el amor que compartimos durante nuestra corta estancia en la Tierra? ¿Se desvanecerán esas cosas inexorablemente con la muerte?

Las historias de los primeros siete libros de la serie *Small Miracles (Pequeños Milagros)* se basaban principalmente en las preguntas que los lectores hacían sobre la vida. Partiendo de nuestro último trabajo, este nuevo libro da un paso hacia el Más Allá y refleja la continua fascinación que los lectores americanos sienten por los aspectos numinosos del viaje humano centrándose en historias que relatan la experiencia de la «muerte».

A pesar de su temática —o quizás debido a ella—, *Pequeños milagros del Más Allá* es una obra motivadora que proporciona consuelo y ayuda a aquellas personas que han perdido a seres queridos o que están enfrentándose a una grave enfermedad. Las historias que llenan sus páginas ilustran unas premisas planteadas por algunos de los libros más populares de hoy día, a saber: que la vida no se acaba, que existe un plano o una dimensión diferente a la que llegamos cuando finaliza la vida tal como la conocemos; que la conciencia no deja de existir simplemente porque expire el cuerpo al que está unida; y que, cuando un día muere un ser amado, la conexión anímica que esa persona ha forjado con sus amigos y familiares no se destruye sino que permanece eternamente. Ese vínculo permanente se expresa en la continua relación del fallecido con las vidas de las personas que deja atrás. Los padres siguen velando a sus hijos, sintiéndose orgullosos de sus logros e intercediendo por ellos ante el trono de la gracia divina. El Zohar (el trabajo más importante de la Cábala) nos dice que si no fuera por la intercesión en el cielo de nuestros seres amados, nuestro mundo en la Tierra no se sostendría ni un momento más. Los familiares difuntos se mantienen extraordinariamente activos en otras actividades también, sigue diciendo el Zohar. Sus almas «bajan» para participar en los acontecimientos jubilosos de sus descendientes (nacimientos y bodas, por ejemplo), una creencia que subyace en la antigua tradición judía de visitar el cementerio antes de celebrar una boda a fin de invitar al festejo a las almas de sus familiares.

Según la primera ley de la termodinámica, la energía nunca se pierde ni se destruye, tan sólo cambia. Si la energía *física* nunca desaparece, sino que se recicla ¿qué deberíamos pensar que sucede con la energía espiritual, la energía del alma, cuya existencia no está limitada por el tiempo, el espacio o cualquier otro marcador del estado físico?

Desde los inicios de la civilización, prácticamente todas las sociedades han adoptado la creencia de que existe cierta forma de vida tras la muerte. En muchas culturas, la gente cree que el mundo sobrenatural con frecuencia se comunica con el mundo natural a través de los sueños, en ellos los soñadores reciben palabras sabias y consoladoras. En la Biblia se relatan sueños de extrema importancia, y según algunos escritos, 145 años a. C., Galeno, el gran médico griego, decidió estudiar medicina influenciado por un sueño que tuvo su padre.

Hoy día, los estantes de las librerías rebosan de autobiografías que relatan experiencias cercanas a la muerte, comunicaciones con difuntos y otras experiencias místicas y sobrenaturales. La presente obra ofrece un único formato para contar tales relatos: *Pequeños milagros del Más Allá* contiene una serie de narraciones cortas en las que gente corriente de todas partes del mundo testifican con sus historias convincentes, misteriosas y espectaculares que no estamos solos en el universo, y que no sólo Dios nos apoya, también lo hacen nuestros familiares y seres queridos difuntos. Su presencia sigue bendiciéndonos en los sucesos personales pequeños y ordinarios que experimentamos cada día, sucesos que bien pueden aportarnos claves importantes o pequeñas pistas de que ellos están entre nosotros. Lamentablemente, algunos de nosotros no sintonizamos con los mensajes de las coincidencias, aunque nos encontremos con éstas repetidamente. Deseamos fervientemente que este libro contribuya a abrir la mirada de los lectores a los milagros que les rodean y que, consecuentemente, les infunda una nueva perspectiva de la reverencia, armonía y unidad que habita en el universo, y de la vida en sí.

Y rezamos para que aquellos que han sufrido una dolorosa pérdida y están pasando el duelo encuentren en nuestro libro consuelo y conocimiento: vuestros seres queridos siguen junto a vosotros y cada día os colman de bendiciones.

Una llamada desde el cielo

$\mathscr{M}$i madre era una «creyente». Mucho antes de que la «New Age, o Nueva Era» llegara a ser una expresión conocida y formara parte de la jerga común, mi madre ya se empapaba de multitud de obras sobre psicología, crecimiento personal y espiritual y misticismo de autores como Alice Miller, Norman Vincent Peale, y otros como Dales Carnegie, Edgar Cayce y Jeane Dixon. El resultado de todas esas lecturas fue la convicción de que la fuerza de lo personal transcendería cualquier situación (¡con la ayuda de Dios, claro está!), y una férrea creencia de que existe otro mundo más allá de lo meramente terrenal.

Por consiguiente, cuando murió hace ocho años a la temprana edad de setenta y dos, yo estaba convencida de que si había alguien que podía volver a este mundo y dejar una señal en el regazo de sus hijos para que supiéramos que todo iba bien en otra dimensión ésa era mi madre. Pero, ¡ay!, me quedé profundamente decepcionada. Constantemente preguntaba a mis hermanos: «¿Aún no habéis sabido nada de mamá?». Vale, era como un chiste clásico, pero, como marcan los clichés, todos los chascarrillos encierran algo de verdad. Después de reunir cientos de historias sobre CDM (comunicaciones después de la muerte) de los lectores de los anteriores libros de la serie *Small Miracles,* decidí que había llegado el momento de escribir mi propia historia. Mi madre, sin embargo, no se comunicaba conmigo.

Pasaron algunos años, yo seguía llorando su muerte y, a pesar del paso del tiempo, aquel vacío no disminuía tanto como yo esperaba. (Creo que la segunda muerte de un padre o una madre, no importa cuál fuera la relación, acaba siendo el golpe más duro, ya que deja al hijo –sea cual sea su edad– irremediablemente huérfano). No pasa ni un solo día en que no piense en ella.

Un día me vi hablando con mi madre en voz alta, de manera jocosa: «¡Venga, mamá ¿dónde está la señal? ¡Por amor de Dios! ¡Tú, precisamente tú, deberías haberme enviado ya un mensaje!». Pero no vi estallar ningún relámpago, ni explotar ningún cohete. Edgard Cayce (famoso vidente y psíquico estadounidense) se hubiera quedado muy alicaído al saber el fiasco que había resultado ser finalmente su obra, cómo su tutela había fracasado estrepitosamente a la hora de ejercer su influencia en su más fervorosa discípula: mi madre.

Pero unos meses más tarde, cerca de la medianoche, de repente sonó el teléfono. Contesté pero sólo oí un extraño chisporroteo en la línea. «¿Hola, hola?», repetí varias veces al auricular. ¿Quién podía llamarme tan tarde, por la noche, si no se trataba de una emergencia… o de un número equivocado? ¡O era quizás una llamada internacional que había fallado? Exasperada, colgué el teléfono y miré el dial para ver el número de la persona que había intentado conectar conmigo. Miré los números. ¡Qué extraño! Eran: «000-000-000». Un escalofrío me recorrió toda la espalda.

Justo después, mi marido irrumpió por la puerta principal (buen samaritano, a menudo está dispuesto a ayudar a gente en apuros).

—¿Acabas de intentar llamarme? –le pregunté.

—Nooo –me dijo a la defensiva, temiendo un ataque de esos de pareja–. No, te llamé hace dos horas. ¿Por qué tenía que volver a llamarte justo antes de entrar en casa?

—Bueno, pues es raro –le dije a media voz, un tanto ilusionada con una idea que ya había empezado a anidar en mi mente.

—Alguien llamó, no dijo ni una palabra, escuché un sonido raro en la línea, y cuando miré el dial para ver el número de quién había llamado vi: 000-000-000.

—Posiblemente era un teleoperador que no quería dejar rastro de su llamada –farfulló mi marido mientras metía la cabeza en la nevera buscando algo de comer.

—¡Un teleoperador! –chillé a sus espaldas–, los teleoperadores no llaman a estas horas!

—Entonces era una llamada equivocada, ¿por qué le das tanta importancia?

Después, se giró y me miró fijamente, abriendo muchos los ojos:

—¡Ajajá!, piensas que la llamada es de tu madre, ¿verdad? ¿Qué operadora crees que tienen en el cielo, AT & T, Verizon, Sprint, Vonage?

—¡Qué gracioso! –dije–. Sé que suena extraño, pero nunca he tenido una llamada de un 000-000-000. ¿Y tú?

—No, pero seguro que hay una explicación.

—Pero el ruido era muy extraño. Y por qué iba a llamar alguien tan tarde si no era una emergencia, que no lo era, pues de serlo me hubieran vuelto a llamar –dije.

—¡Pues porque era una equivocación, por eso! ¡Estás haciendo un drama! –me gritó mi marido.

Finalmente me convenció de que me quitara la idea de la cabeza de que un espíritu había hecho una llamada de larga distancia a la Tierra para hablar conmigo. A regañadientes, le di la razón.

—Bueno, no puedes decir que no es entretenido vivir conmigo –intenté bromear–. ¿Acaso no es más divertido sacar conclusiones imaginativas que no otras más prosaicas? –le pregunté.

Me quité aquella idea de la cabeza, pero tengo que admitir que me frustró que mi madre no hubiera conectado conmigo durante todos aquellos años.

Olvidé prácticamente la historia hasta que empecé a trabajar en este libro. Hice un llamamiento en internet en busca de historias verídicas, acosé a mis amigos y a mi familia, indagué en los archivos de periódicos y revistas y busqué en diversas páginas webs que publicaban historias de lectores y seguidores. Y en una de esas páginas webs encontré un relato muy similar al mío, de hecho podía haber sido el mío, era exactamente igual.

«Le pedí a mi difunta madre que me enviara una señal de que estaba bien en la dimensión en que se encontrara», escribía el colaborador

13

de aquella página web. «Unos días más tarde, sonó el teléfono. Al descolgarlo oí un sonido extraño, y al mirar el dial para ver quién llamaba vi unos números muy raros: 000-000-000. Estoy convencida de que aquella llamada era de mi madre, pues ¿quién tiene un número así?».

Se me puso la carne de gallina al leer el escrito de aquella mujer, una experiencia tan extrañamente familiar, tan parecida a la mía. Empecé a preguntarme si alguno de mis amigos había recibido una llamada de ese número, pero todas las personas a las que pregunté me dijeron que no.

¿Estaba equivocado mi marido? ¿Había recibido realmente una llamada sobrenatural desde ninguna parte, como sugerían aquellos números? ¿O había tras aquel misterio una razón lógica que explicara aquella cifra y erradicara de un plumazo la esperanza que albergaba mi corazón?

Supongo que podría haber llamado a la compañía telefónica y me habrían estado pasando de un operador a otro, de un departamento a otro, mientras intentaba tenazmente jugar a los detectives y conseguir una explicación que tuviera cierta lógica. Pero hice lo mismo que habría hecho cualquier hija que respetara a una madre seguidora de la obra de Edgar Cayce: absolutamente nada. Me crucé de brazos y disfruté de la experiencia. Mi madre me había hecho aquella llamada, me dije, y si bien cuando estaba viva no habíamos mantenido una comunicación extraordinaria, ahora era totalmente perfecta.

YITTA HALBERSTAM

El crucigrama

 uchas personas han contado que sus seres queridos difuntos les han hecho llegar una serie de señales indicándoles que están bien: flores, plumas, mariposas, pájaros y arcoíris entre otras cosas; pero ¿has oído hablar alguna vez de que un difunto se manifestara con un crucigrama?

Pues eso es precisamente lo que le ocurrió a Joan Oto, de East Lansing, Michigan, una historia lo bastante convincente para que fuera publicada por el *East Lansing State Journal*. Ciertamente el relato era tan misterioso e inusual que el periodista que lo escribió, el cual llevaba más de treinta años en el mundo del periodismo, declaró que era la historia más increíble que había escrito nunca.

En 1996, Ruthie, la hija de Joan, de veintisiete años, sufrió –y sobrevivió–, un cáncer de útero. Una década después, Ruthie y su marido decidieron adoptar a un niño libanés, un hermanito para la niña que ella había tenido antes del cáncer. En el momento de emprender el viaje a Líbano para buscar al niño, tuvo la intuición de que en su cuerpo algo iba mal, experimentaba ciertos síntomas inquietantes que no desaparecían, pero estaba tan implicada en su misión de ir a buscar a su nuevo hijo que no les prestó atención. La guerra del Líbano estalló cuando ella estaba allí, no podía irse sin su hijo, faltaba formalizar unos cuantos papeles y eso hizo que tuviera que quedarse allí varias semanas, en plena batalla.

Finalmente, ella y su hijo pudieron escapar con la ayuda de la embajada norteamericana, fueron rescatados por un carguero de la marina en medio de la trifulca (posteriormente, Ruthie apareció en televisión, en el programa de Larry King, contando la historia de su liberación). En el verano de 2008, de manera trágica, el cáncer apareció de nuevo en su cuerpo invadiendo varios órganos. Ruthie entabló una férrea lucha durante varios años, pero al cumplir los cuarenta la enfermedad ya la invadía por completo, su tiempo de vida tocaba a su fin.

Joan, la madre de Ruthie (una mujer de setenta y nueve años, antigua periodista todavía muy activa a pesar de su edad), era una fanática de los crucigramas y cada día completaba el que publicaba el *East Lansing State Journal*. Una día, cuando Ruthie, que ahora ya tenía cuarenta años, estaba ya en casa a punto de morir, su madre le hizo una petición bastante inusual:

—Ruthie, sé que eres una buena católica, practicante, tranquila, reservada y racional –no como yo–, y sé que tal vez encuentras esto un sinsentido, pero ¿harías un favor a tu madre? ¿Podrías decirme que estás bien? No necesito saber si te has encontrado con Dios, si en el cielo hay ángeles cantando o cosas así. No necesito ninguna prueba del reino celestial. Lo que deseo desesperadamente es que me envíes un mensaje de que estás bien, de que estás en algún lugar seguro y dichoso del Más Allá. Y para estar segura de que el mensaje es tuyo, sólo tuyo, ¿me lo enviarías por favor a través de un crucigrama?

Ruthie, a pesar del dolor que sentía, dijo a su madre, a quien todos consideraban una persona realmente chocante, que lo haría. Murió el 23 de diciembre de 2009, dejando marido, dos hijos y muchos seres queridos.

Los meses siguientes, Joan escudriñó a diario el crucigrama en busca de alguna señal. Estaba segura de que finalmente aparecería, y cuando sucedió incluso ella se quedó totalmente perpleja.

El 21 de junio de 2010, Joan estaba en el cuarto de baño haciendo el crucigrama, y mientras rellenaba las casillas empezó a temblar. Al menos diez respuestas de aquel crucigrama estaban relacionadas con su hija Ruthie. No podía ser una coincidencia que diez, diez contadas, se refirieran específicamente a su hija muerta. Las casillas que rellenó incluían estas pistas:

1. El nombre RUTH (el nombre de su hija) se cruzaba con…
2. El nombre OTTO (su apellido)
3. Y conectaba con las letras OK.
4. La respuesta BABE (era el apelativo con que la familia llamaba a Ruthie, la más pequeña de cuatro hermanos, un regalo que les llegó cuando el más pequeño de los niños tenía ya diez años).
5. Vuelve a aparecer por segunda vez la respuesta OK (generalmente en los crucigramas no se repiten las respuestas).
6. Aparecía RURU (otro nombre que la familia daba a Ruthie).
7. El nombre ERNIE aparecía a la mitad del crucigrama (Ernestine era el segundo nombre de Ruth, y la familia la llamaba con el diminutivo Ernie).
8. Aparecían las letras EMT (Ruthie trabajaba como enfermera de cuidados intensivos de neonatales y tenía el título EMT (técnica de servicios de urgencia).
9. La palabra WEE (Ruthie estaba cualificada para introducir catéteres endovenosos en bebés muy pequeños a los que ella llamaba «los *wee* (los chiquitines)».
10. La palabra AMOK también aparecía; generalmente esta palabra es sinónimo de «arrebato», pero cuando buscas signos puede interpretarse como dos palabras unidas: Am y OK (en inglés: estoy bien).

Joan Otto se quedó de piedra cuando vio el crucigrama completo y resuelto. «No me podía creer lo que estaba leyendo», dijo reviviendo la escena de aquel fatídico día. «¡No puede ser —pensó—, pero no puede ser una coincidencia! Esto es algo muy concreto, está dirigido a mí».

Aunque se trataba de una publicación local, los crucigramas eran elaborados por una agencia nacional en la que nadie conocía o había oído hablar de los Otto de East Lansing, Michigan. Si aquellos crucigramas se hubieran realizado en la zona, Joan habría pensado que algún conocido había intentado hacerle llegar algo de consuelo o tal vez una broma. Pero el hecho de que los crucigramas procedieran de una agencia de fuera hacía aquella experiencia aún más significativa.

Aún temblando, Joan llamó al marido de Ruthie y le contó lo que había descubierto. Escéptico como era, no podía compartir con Joan su entusiasmo y convicción… bueno, al menos al principio. Según Joan: «Creyó que estaba comportándome como una chiflada, pero cuando fui a su casa y le mostré el periódico se quedó impactado. No podía dejar de mirar las respuestas de aquel crucigrama».

Joan sabe que habrá mucha gente que probablemente se ría de su convicción de que su hija se había conectado con ella por medio de aquel crucigrama y que piensen que todo ello no era más que «un montón de coincidencias enorme», pero su firme creencia de que recibió un mensaje de su hija proveniente del Más Allá permanece inquebrantable.

«No se trató tan sólo del enorme consuelo que sentí con aquel crucigrama lo que me hizo conectar con el periódico –dice Joan–, sino el haber recibido la confirmación de que mi hija estaba OK, eso era lo único que le había pedido. Me mandó la señal que yo necesitaba, y eso me basta. La razón por la que acudí al periódico para que publicaran esta historia no fue personal, yo quería que el mundo lo supiera, quería que todos supieran que hay vida más allá de la muerte, que hay algo Más Allá, algo mejor. La gente debe saberlo, esto les proporcionará consuelo y esperanza».

Joan dice que desde que contacté con ella la primera vez para que le contara la historia se ha encontrado dos mensajes más en los crucigramas, en el transcurso de un mes, especialmente significativos para ella.

—Desde aquel mensaje que recibí de Ruthie en 2010, no había recibido ningún otro, pero desde que te pusiste en contacto conmigo, de repente empecé a recibir más mensajes –dice.

—¿Qué puede significar eso? –pregunté a Joan.

—Pues que tienes que escribir la historia.

Lo cual estoy haciendo diligentemente.

JOAN OTTO, *su historia tal como la contó a las autoras*

Un par de cardenales

Unos cuantos años antes de la muerte de mi padre, Francis Lenhart, en febrero de 2007, a la edad de ochenta y cuatro años, le compré un libro que yo había leído ya y que me encantaba: *A Redbird Christmas*. Yo era un ferviente observador de pájaros y en un principio había sacado el libro de la biblioteca creyendo que era un libro relacionado con mi pasatiempo favorito, pero resultó ser un relato de ficción, una historia agridulce acerca de una muchachita abandonada que tenía una pierna lesionada y un anciano que se había hecho amigo suyo. Ese hombre, que se llamaba Oswald Campbell, había llegado a una pequeña ciudad de Alabama con una tienda de ultramarinos y un pájaro, cardenal, para pasar allí el resto de sus días (según el diagnóstico de su médico). Rápidamente, Oswald empezó a jugar un papel relevante en la vida de la muchacha: le ayudaba en muchos aspectos y le daba, por encima de todo, el respeto, el amor, la atención y la fe de la que ella carecía. Cuando Oswald murió finalmente, volvió a la tierra en forma de cardenal para confortar a la afligida chiquilla.

Consideré que la historia era muy tierna y sentimental, y yo sabía a ciencia cierta que le agradaría a mi padre, un verdadero sentimental. Pero esta copia la conseguí en la librería, no en la biblioteca. La Navidad se acercaba y ¿qué mejor regalo que ése? Mi padre, un banquero incansable, no solía tener demasiado tiempo para leer pero me dijo que ¡se había leído el libro en dos días! Me comentó por teléfono (vivíamos en diferentes estados) que le había encantado, y, después, añadió con una voz tranquila y firme:

—Cuando me muera, ¡también volveré para consolarte en forma de pájaro, de un cardenal!

Su despreocupada referencia a la muerte me produjo un escalofrío. Él ya era bastante mayor, pero a mí ni siquiera se me pasaba por la cabeza el tema de la muerte, especialmente de la suya.

—¡No hables así! –le reñí–. ¡No hables de esas cosas, por favor!

Aunque tanto mi padre como mi madre habían pasado por tres procesos de cáncer cada uno, lo cierto es que últimamente parecía que habían superado sus enfermedades. Afortunadamente, habían superado cada vez la enfermedad y yo no podía imaginar que un día morirían.

—No, no, te lo digo en serio –insistió mi padre con su perorata–. Cuando muera, volveré en forma de cardenal para consolarte.

Los meses siguientes empezó a estar delicado, y, finalmente, tuvo que dejar la casa de Long Island en la que llevaba cincuenta años viviendo e instalarse en una residencia en Boston, donde residíamos muchos miembros de nuestra familia (yo vivo cerca, en Vermont). Mi madre acababa de morir y no había nadie que pudiera cuidar de él, así que ésa fue la mejor solución.

Un año antes de morir mi padre tuvo una hemiplejia y entonces supimos que ya no podía volver a Long Island, así que uno de mis hermanos fue allí y se encargó de vender la casa. Cuando estaba haciendo limpieza de todo, le dije:

—¡Rescata mi libro, el del cardenal!

Ese libro representaba una conexión muy profunda con mi padre, y la conversación que tuvimos después de haberlo leído él se me había quedado grabada en el corazón.

Me impresionó ver lo débil que estaba. A los ochenta años, un linfoma de bazo había hecho estragos en él. Siempre había sido una persona fuerte, independiente y autosuficiente, un hombre alegre y vivaz. Pero ahora era un anciano con el espíritu hecho jirones, y eso me entristeció mucho.

Mi padre murió un lunes. Aquella noche volví a casa conduciendo desde Boston y al llegar me desplomé en la cama. A la mañana siguiente, cuando me desperté, sentía un peso enorme en el corazón, me había tomado un día de fiesta en el trabajo, estaba demasiado apenada como para poder trabajar. Me hice una taza enorme de café y con ella en la mano me quedé mirando ausente por la ventana de la cocina. Entonces apareció un cardenal de no se sabe dónde y se posó en una rama cerca del cristal de la ventana, luego miró hacia dentro. Parecía que estaba observándome.

—¡Oh, qué bonito es! –fue mi primera reacción y después–: ¡Qué raro que se acerque tanto, con lo tímidos y asustadizos que son!

De repente recordé la promesa que mi padre me había hecho unos años antes: me había dicho que volvería como un cardenal para consolarme. Aquel recuerdo me hizo llorar aún más.

Unos segundos más tarde, una cardenal hembra se posó (los cardenales, que se emparejan de por vida, tienen las plumas diferentes según su sexo) en aquella misma rama y los dos parecieron mirarme a la vez.

Empecé a llorar y a gritar:

—Mamá, papá.

Los cardenales se quedaron en aquella rama mucho tiempo, más de lo normal (como buena observadora de pájaros, sé que los cardenales suelen volar de rama en rama y no se quedan demasiado tiempo en el mismo sitio). Pero en este caso permanecieron cerca de la ventana de la cocina, mirándome durante un tiempo que me pareció una eternidad. No tuve ningún problema en creer que eran mis padres, que sus espíritus me habían venido a visitar y que estaban enteramente conmigo.

Viví en aquel piso durante unos cuatro años, y aquellos mismos cardenales siempre estaban por allí, bien posados en los cables de teléfono, bien cantando en el patio de atrás. Parecía como si hubieran adoptado mi casa como la suya propia. Incluso los vecinos se percataron de ello, de lo mucho que me visitaban aquellos pájaros, y estaban sorprendidos. Un vecino que solía pasar por allí de paseo se detuvo un día y me dijo:

—¡Estos cardenales siempre están aquí, en tu patio, en ningún sitio más!

La mayoría de las veces, yo me encogía de hombros y sonreía, pero no decía nada. ¿Cómo iba a decir a la gente que mis difuntos padres eran ahora esos pájaros? Lo más seguro es que pensaran que yo era una tipa rara.

Pero siempre que salía al jardín, ellos aparecían repentinamente de la nada, y los vecinos a los que me había confiado los observaban y me decían:

—¡Ahí tienes a tus parientes!

—¡Esos cardenales te tienen realmente cariño! –me dijo una vecina a la que no había hablado de mi «secreto»–. Siempre que estás en el jardín, acuden ellos. Y no paran de cantar.

Sabía que cantaban para mí, que me estaban consolando y cuidándome como siempre habían hecho mis padres.

Cuando me mudé y me fui a vivir a unos veinte kilómetros de allí, estaba segura de que se acabarían los «avistamientos» de mis cardenales, pues por lo general estos pájaros no suelen moverse tan lejos, aunque no es imposible.

Pero el día en que me mudé de casa, fui al patio y ¡allí estaban: una pareja de cardenales! No tengo ni idea de si eran los mismos pájaros (dejando aparte las diferencias de género, los cardenales no tienen marcas especiales que los distingan), pero estoy convencida de que fueran los que fueran contenían los mismos espíritus: ¡mis padres!

Los cardenales siguen viniendo a verme con frecuencia –no tanto como lo hacía la primera pareja–, pero aparecen siempre que necesito consuelo o guía. Y al igual que hacía la primera pareja no se muestran nada tímidos, se quedan cerca de la ventana, miran dentro de la casa de manera inquisitiva, y permanecen un buen rato allí.

Cualquiera que conozca bien a los pájaros sabe que el comportamiento de esos cardenales, acercándose tanto a un ser humano y quedándose mirando un buen rato, es bastante inusual. No son como los herrerillos, que no tienen problema en aproximarse a la gente ni en comer directamente de la mano. Los cardenales son mucho más distantes, pero no los que vienen a visitarme. Hace un par semanas, cuando volví de trabajar, me los encontré mirando por la ventana. Los saludé alegremente: «¡Hola papá, hola mamá, qué guapos estáis!».

Claro que esto no se lo cuento a nadie, pero es posible que los lectores de este libro me comprendan.

Dot Lenhart

Milagros

*M*iriam Perlstein era una de los ocho hermanos que sobrevivieron en Auschwitz. Era tan insólito que un grupo de hermanos –siete chicas y un chico– salieran vivos de ese campo de concentración que, cuando al final de la guerra llegaron a Ellis Island, fueron la sensación de todos los medios de comunicación. Retratados y entrevistados repetidamente, eran asediados por los periodistas, que les preguntaban: «¿Cómo ha sido posible? ¿Qué es lo que os hace tan extraordinarios?». Prácticamente el resto de su familia había desaparecido. La mayoría de los supervivientes que llegaron al Nuevo Mundo habían perdido a sus padres, hijos, parejas y hermanos. ¡Pero aquella familia de ocho hermanos había llegado a sobrevivir y a encontrarse! ¿Cómo había sucedido?

«Milagros», contestaban aquellos hermanos a todos los que les preguntaban. Y era cierto. Los milagros habían abundado en sus vidas durante su encarcelación en Auschwitz, pero el de Miriam, afirmaban todos, fue muy diferente a los que experimentaron sus hermanos Esther, Fanny, Bertha, Rose, Eva, Monci y Binyamin. Mientras sus milagros quedaban dentro de lo racional, el de Miriam pertenecía a una categoría diferente a las de todos los demás.

Varias semanas después de su llegada a Auschwitz –tras haber sobrevivido a varias «selecciones» y de haber mantenido la muerte a raya–, la joven Miriam, de dieciséis años, una mañana fue separada de improviso de un grupo de prisioneros a los que estaban pasando lista y llevada a una sección aparte del campo, a otra cola. Quizás fue algo en el comportamiento de Miriam que llamó la atención del soldado nazi que la sacó de la primera fila o quizás se trataba simplemente de cubrir un cupo. Por cualquier razón inexplicable (¿qué razón podían tener aquellos despiadados nazis?), Miriam acabó en la fila de prisioneros que se encaminaban lentamente hacia el crematorio que les convertiría en cenizas.

Al principio, Miriam creía que la llevaban a realizar un nuevo trabajo; pero las mujeres que tenía delante la sacaron de su error.

—¿No podemos hacer nada? –les imploró.

—Mira allí –susurraron–. Hay soldados armados por todas partes. ¿Cómo podríamos escapar?

Miriam miró hacia donde las mujeres le decían, pero no vio a los amenazadores soldados armados o a los alemanes que llevaban a aquellos andrajosos hacia un destino fatídico, lo que vio en la esquina de un edificio cercano, a unos cuantos pasos de donde ella estaba, fue el inesperado y amado rostro de su madre, Helen Perlstein, que junto a sus hijas había llegado a Auschwitz, había sido instalada en alguno de aquellos barracones. Durante todas aquellas semanas, las hijas no habían tenido contacto con su madre, no la habían podido encontrar. ¿Qué estaba haciendo *allí* precisamente –se preguntó Miriam–, y por qué los soldados hacían caso omiso de su presencia? Era una emoción extraña la que sentía, pues aunque se encaminaba hacia la muerte, el corazón de Miriam explotó de júbilo al ver de nuevo a su madre. ¿Y por qué no llevaba la cabeza rapada como todos los demás?

Cuando Miriam escrutaba a su madre, con sorpresa y desconcierto, ésta levantó un esquelético brazo y le hizo una señal para que se reuniera con ella. Miriam lanzó una mirada significativa a los guardias de al lado. «No puedo», dijo con la mirada. Su madre asintió con la cabeza y le hizo nuevamente una señal. ¿Cómo podía pensar su madre que iba a escapar?

Miriam señaló con la mano a los soldados que la flanqueaban, es imposible, dijo con sus movimientos. Pero, de repente, se produjo una conmoción al final de la cola y varios guardias corrieron hacia allá.

«¡Ahora!», dijo su madre con gestos. No tenía sentido alguno, aquella acción estaba condenada a fracasar, pero Miriam obedeció a su madre. Se salió de la fila y corrió hacia ella, que seguía gesticulando… pero cuando dio la vuelta a la esquina su madre había desaparecido. Confundida pero envalentonada, Miriam corrió hacia los barracones donde sus hermanas la esperaban ansiosamente, y acribillándola a besos le dieron un mendrugo de pan duro.

—¿Qué te ha pasado? –le preguntaron–. ¿Dónde te llevaban, dónde ibas?

Ella les contó todo: que había visto a su madre aparecer en aquel preciso lugar cuando ella y los demás pasaban por allí, que los soldados extrañamente habían hecho caso omiso de su presencia, y que le había indicado con señas que corriera hacia donde ella estaba.

—¡Estaba tan contenta de volver a ver a mamá! –farfulló aún aturdida por la experiencia–. ¡Estaba exactamente como siempre; y no llevaba la cabeza rapada!

Sus hermanas se miraron unas a otras sin decir palabra. Estaban demasiado impactadas por el relato de Miriam: el contacto con la muerte les hacía estremecerse pero la mención de su madre hizo que temblaran aterrorizadas.

—Miriam –le dijo una de ellas suavemente, acariciándole con ternura una mejilla para aminorar el golpe–, no quisimos decírtelo antes porque eres la más sensible de todas, pero por diversos prisioneros que trabajan en el crematorio hemos podido saber a ciencia cierta que a mamá la mataron el primer día que llegamos, hace varias semanas.

—Pero yo la vi claramente –dijo Miriam llorando–, si ella no me hubiera dicho por señas que escapara, nunca lo habría intentado.

HINDY ROSENBERG, *tal y como se lo contó a las autoras*

Un bonito pájaro

Pocos meses después de la muerte de mi padre, Seymour Raven, tuve una conversación telefónica desde mi coche con mi hermano pequeño, Marc, cuya esposa estaba embarazada de su tercer hijo y del que sabían por medio de una amniocentesis que era una niña. El tema de la conversación con Marc era el nombre que le pondrían a la niña. Según la tradición judía, los niños llevan los nombres de los antepasados difuntos (hombres y mujeres), y a veces se utiliza sólo la inicial del nombre.

La conversación llevó su tiempo, pues según mi hermano, puesto que uno de sus otros hijos ya llevaba la inicial «S» en su nombre, buscar otro nombre razonable que empezara con «S» era una tarea dura. Tan dura parecía que estaban considerando no ponerle a la niña el nombre de mi padre. Y eso, todos lo sabíamos, sería bastante controvertido e, hiriente, tal vez.

Aquella charla duró más que el trayecto hasta mi despacho, así que aunque ya había llegado a mi destino, permanecí en el aparcamiento un rato más mientras mi hermano me seguía hablando.

Uno de los nombres que se barajaban era el de Shana, que en hebreo significa 'bonito', 'lindo'. El problema, me explicaba mi hermano, es que Shana Raven sería algo así como «pájaro bonito», lo que preocupaba a mi hermano y a su esposa porque les sonaba demasiado cursi. Yo, por el contrario, pensaba que sería un nombre conmemorativo muy cálido. Pero a Marc le preocupaba lo de «pájaro bonito».

Mientras mi hermano me hablaba de sus dudas respecto a honrar la memoria de mi padre con un nombre que le parecía un tanto artificioso, yo permanecía sentado en el aparcamiento y miraba a ninguna parte en particular, a través del parabrisas del coche, con bastante impaciencia, pensando que poner a tu hija un nombre que recordara a un «pájaro bonito» no tenía nada de malo, especialmente si así se honraba la memoria de nuestro padre, recientemente fallecido.

Yo nunca he creído en la otra vida, aunque los días que siguieron a la muerte de mi padre, tuve en más de una ocasión la sensación de su presencia. Lo cierto es que hablar de cómo conmemorar su vida con una nueva vida parece de un modo u otro invocar su fuerza vital.

Y entonces me quedé helado, me sucedió algo que no me había pasado nunca y que me impactó enormemente. Un pájaro bonito y pequeño de una especie indeterminada –bastante diferente a los que yo conocía– se posó en al capó de mi coche y se quedó allí mirándome, no un segundo, sino un buen rato. No se movía, simplemente permanecía allí sobre el capó y me miraba mientras yo hablaba con mi hermano. Temblé de la cabeza a los pies, y boquiabierto, con lágrimas en los ojos y en un susurro, le dije a mi hermano por qué la hijita que estaba a punto de tener debía llamarse Shana Raven. (Ella es un pajarito muy bonito).

JONATHAN RAVEN

De compras con Shoshana

*E*ra mucho más que mi «tía». Mi madre vivía a unos mil kilómetros de distancia, y mi suegra, a unos mil doscientos. Mi tía Shoshana Schur, que en paz descanse, vivía a dos manzanas de casa, lo que –como yo solía decir en broma– me proporcionaba todas las ventajas de tener una madre y ninguna desventaja. La llamábamos mi «madre local».

Cuando mi madre, Ema, y mi tía, Shoshana, estaban juntas a mi lado, yo me dirigía a ellas como «mamá biológica» y «mamá local». Shoshama y Ema eran hermanas, de manera que mi madre no podía estar más contenta con mi elección de «madre adoptiva».

Una de las actividades favoritas de Shoshana era ir de compras, ella tenía una habilidad especial –y un deseo continuo– para elegir la prensa más indicada para cada uno.

—Esto le iría perfecto a tu sobrina, ¿verdad? –preguntaba, mientras sostenía algo bonito y, por supuesto, a un precio increíblemente barato.

Durante años y años compró más cosas para los demás que para ella misma.

—Pensé que esto te gustaría –solía decirme, y cualquier cosa que eligiera era perfecto.

Shoshana llegó incluso a escoger un vestido para su futura nuera antes de conocerla. Y como siempre, dio en el clavo: gusto, talla y todo lo demás. Elegía vestidos para la gente con tanto éxito como elegía pareja para sus conocidos, algo que era casi su profesión a tiempo parcial (y una obsesión a tiempo completo): casamentera. Este vestido para su nieta, este para su nuera, aquel para mi madre… tenía el armario lleno de gangas. Siempre estaba regalando, siempre pensando en los demás. No se trataba de ir de compras con ella, era aprender lecciones de generosidad, de consideración, de entrega.

Apenas tenía sesenta años cuando enfermó de cáncer, y éste la ganó a pesar de sus esfuerzos por superarlo. Shoshana lo intentó todo, desde la medicina convencional, a la experimental o alternativa, como quieras llamarla. Sabía que le quedaban muchas cosas por hacer, ya fueran parejas por arreglar, niños a los que enseñar en la escuela de hebreo y que aún la necesitaban para introducir el judaísmo en sus vidas, o invitados a los que alojar en su «casa abierta», algo que llevaba décadas haciendo; Shoshana deseaba realmente vivir, y hacía lo posible para ello.

Hacia el final de sus días, cuando se encontraba ya demasiado mal para tener compañía, mis visitas eran más cortas, pero seguía bromeando con ella.

—Te tienes que poner bien –le decía como si estuviera al inicio de su enfermedad–. ¡No puedo ir sola de compras al Lord & Taylor Clearance Center!

Perder a mi madre local, que mis hijos perdieran a la «abuela de Chicago» sin apenas haber llegado a conocerla… no contar con sus consejos sobre cualquier cosa… no verla bailar en la boda de su hijo pequeño…, sabíamos que todo eso sería insoportable. Y, claro está, no iba a preocuparla con todo eso, ni siquiera quería planteármelo.

Pero las cosas más nimias eran las que me andaban siempre rondando por la cabeza y me hacían incluso reír en medio de las lágrimas. Me imaginaba a mí, sola, sin ella, en medio del Lord & Taylor Clearance Center, nuestra tienda de oportunidades favorita. Me encaminaría sola hacia allí, los recuerdos me invadirían y me vendría abajo. O, si tuviera el valor de entrar, me vendría alguna cosa a la memoria y estallaría en sollozos mientras los clientes curiosos me mirarían.

—Es que he perdido a mi tía… siempre venía aquí con ella… –balbucearía entre lágrimas y ellos me consolarían con un «venga, venga...».

La imagen me hacía reír, de terrible que era. Así que cada vez que iba a verla comentaba algo de los almacenes, para hacerla sonreír. Cerca ya del final, fui a hacerle una de mis cortas visitas.

—Hola, de nuevo, aquí está tu compañera del Clearance Center –le dije tomándole una mano.

—¿Me vas a recordar por eso? –me dijo, a pesar de lo difícil que le resultaba hablar.

—¡Oh, nooo! –le dije tratando de sonreír–, también por los Syms (otra cadena de almacenes).

No funcionó. Ni siquiera sonrió. Supuse que a esas alturas ya no apreciaba las bromas, así que seguí con ella un poco más, contándole cómo su habilidad de casamentera me había ayudado a elegir marido, pues incluso antes de saber que estaba enamorada de él ella ya lo sabía... Y le recordé cuando nos alojó en su casa durante varias semanas, de recién casados, mientras arreglábamos nuestro piso... desayunábamos en su «hotel», íbamos a nuestro piso durante el día, y regresábamos a la noche a nuestra lujosa «suite», donde nos esperaba la cena. No me imagino a mí acogiendo a alguien durante tanto tiempo. Le hablé de cómo siempre recogía a mis hijos, les llevaba a la sinagoga cada *Sabbath,* cómo me aconsejaba en cada etapa de su desarrollo o cuando tenía algún problema con ellos... Me daba unos consejos magníficos aunque estaba ya muy enferma. Supongo que le gustaba hablar de algo más que no fuera cáncer, médicos y medicamentos.

Unos días después de Pascua, nos dejó. Imagino que siguiendo su costumbre de poner a los demás por delante de sus propios intereses, no había querido estropearnos las vacaciones y pidió al ángel de la muerte que el aniversario de su defunción no coincidiera con la Pascua. Puedo ver la escena ofreciendo unos argumentos muy convincentes, usando el mismo tono de voz con el que solía convencerme.

Su hijo me comunicó que estaba a punto de morir, así que pude estar junto a ella en ese momento. Es curioso comprobar que aunque sepas que va a suceder algo dramático, llegado el momento, te afecta terriblemente.

Después de vagar aturdida por la casa, me fui a la mía. Era la una del mediodía y, de manera un tanto ausente, eché un vistazo al correo electrónico que me había llegado. Enseguida me llamó la atención un anuncio de un amarillo chillón: «LORD & TAYLOR CLEARANCE CENTER, CHICAGO», en enormes letras. Apenas hacía dos horas que Shoshana nos había dejado. «GRANDES SALDOS POR CIE-RRE DE NEGOCIO».

No sabía si reír o llorar. ¿Había decidido el Clearance Center que no valía la pena seguir abierto sin el patrocinio de mi tía? Obviamente no, pero la idea me hizo sonreír… o puede que fuera otra cosa… ¿Se estaba Shoshana riendo de mí?

Era como si la estuviera oyendo.

—¿No decías que no querías ir al Clearance Center sin mí? –y encogiéndose de hombros añadía–: ¡pues no irás!

BINA SIMON

El *challah* de Debby

Cuando mi madre me dijo que le habían diagnosticado un cáncer, nunca pensé que no llegaría a recuperarse. Aun cuando me comentó que estaba en la fase IV, aun viendo cómo la quimioterapia hacía estragos en su cuerpo, siempre supuse que este episodio sería uno de esos baches en nuestra historia familiar que un día miraríamos con alivio como algo pasado.

Si hubieras conocido a mi madre, entenderías el porqué. Ella era una de esas mujeres con una capacidad sobrehumana para hacer cualquier cosa, hacerlo bien y, además, hacer que pareciera fácil. Aparte de criar cuatro hijos, trabajar fuera y dentro de casa, llevar nuestro hogar (y la tienda de regalos de la sinagoga), y tener siempre la mesa dispuesta con comida casera, cada pocos meses impartía clases de *challah* (pan judío especial que se come en los *Sabbath* y en las vacaciones) en la cocina de nuestra casa.

La gente anhelaba sentarse a nuestra mesa un *Sabbath* sólo para probar una rebanada tierna y sabrosa del *challah* de Debby, y todas las mujeres del vecindario perseguían su receta. Daba cursos de formación a ejecutivos de todo el país, impartía clases de preescolar y organizaba unas fiestas de las que la gente hablaba durante años. Para una mujer como mi madre, una cosa mínima y fastidiosa como un cáncer no tenía la menor oportunidad de prosperar.

Pero, a pesar del agresivo tratamiento que recibió, el cáncer se extendió tan rápidamente que los médicos no pudieron detenerlo. Murió poco más de un año después de ser diagnosticada.

Durante la *shiva* (período de duelo de 7 días), oí algo que no había oído antes: «Ella será un *melitzas yosher* para ti y para tu familia».

—¿Qué significa eso? —pregunté a mi marido.

—Es como una especie de abogado, alguien que sale en tu defensa en el cielo y que es tu intermediario directo con Dios, alguien que intercede de manera activa siempre que es necesario —me respondió.

Antes de que te explique mi reacción, voy a ponerte un poco al corriente: hace pocos años, yo había dado una vuelta completa a mi vida para convertirme en judía ortodoxa. Cambié de ropa, reservé mis sábados y reconstruí mi filosofía fundamental sobre la vida. Iba a vivir bajo unos dictados y creencias que me exigían dar algunos pasos más allá y, en general, estaba contenta de hacerlo. Aprendí lo que era *neshamah* (el alma superior) y el *gilgul* (el alma reencarnada), y todo tenía ahora un sentido para mí. Pero, cuando escuché lo que me dijo mi marido, apenas podía creerlo. ¿De verdad quería hacerme creer que mi madre estaba en el cielo representándome e intercediendo por mí como una especie de hada madrina?

Y no era porque dudara de la capacidad de mi madre para influir en el reino de los cielos. De hecho, si alguien podía mover hilos en aquel lugar, era ella. Cuando mamá vivía, no había nada más importante que su familia, y si percibía un atisbo de amenaza en su bien tejido pequeño clan, inmediatamente se ponía en marcha para acabar con lo que fuera. Y con respecto a sus hijos, mamá era una leona.

Una vez que una compañera de clase me acosaba, mi madre salió a su encuentro y se quedó mirándola fijamente, como un francotirador, mientras la pobre muchacha caminaba desde la entrada del colegio al autobús escolar temblando con sus botas de agua amarillas. Si alguien pudiera irrumpir ante el trono celestial y dar buenas razones de sus hijos, ésa sería mamá, sin duda.

Pero, aun así, yo no acababa de creérmelo. Y, aunque fuera verdad, ¿quién podía saberlo realmente?

Los dos primeros años después de su muerte, mi hermana me contó que de vez en cuando había visto a mi madre en sueños, o bien que había tenido alguna experiencia inequívocamente relacionada con mi madre. Yo había oído algo parecido de mi tía, que fue la mejor amiga de mi madre, pero no simpatizaba con ello. Allá donde estuviera mi madre la comunicación entre aquel sitio y éste no era muy buena. Quizás lo que sucedía es que mis familiares creían en lo que *querían* creer.

No les culpo. Yo extrañaba mucho a mi madre, me habría encantado que sucediera algo que disipara mi escepticismo y que me hiciera ver claramente que ella estaba en el Más Allá, moviendo hilos a mi favor. Pero, desde donde yo estaba, las únicas conexiones que tenía con ella eran mis recuerdos y el gran vacío que su muerte había dejado en mi vida.

El año pasado, mi marido y yo decidimos mudarnos, dejar nuestra casita de las afueras de la ciudad e ir a vivir a un sitio más urbano. Necesitábamos estar más cerca de las hijas de mi marido, que vivían en la ciudad, y además queríamos tener más contacto con una comunidad judía más grande, que podría ofrecernos más cosas. Nos mudábamos por todas esas buenas razones y, aunque representaría un cambio para todos, confiábamos en que sería algo bueno.

Pasaron seis meses rápidamente, y estuvimos muy preocupados, especialmente en lo relacionado con los asuntos sociales y financieros. No estaba funcionando como esperábamos, estábamos aislados, faltos de ayuda, cada vez más y más endeudados, entre la espada y la pared.

Por este motivo, nos reunimos con nuestro rabino, el cual nos aconsejó que nos mudáramos, pero no teníamos idea de dónde ir, ni siquiera de cómo permitírnoslo.

Una noche poco después de la reunión, recibí un email en mi teléfono, aparentemente surgido de la nada: era una oferta de un trabajo que yo había deseado hacer durante muchos años pero que nunca había sabido cómo conseguirlo. La retribución incluía una casa amueblada. «Aquí tiene que haber gato encerrado», pensé mientras contestaba al correo. No habían pasado diez minutos cuando me contestaron con una llamada telefónica. Hablé con la mujer que sería mi supervisora, esperando que de un momento a otro me hablara de algo que no cuadrara con mis expectativas. Pero el horario del trabajo era perfecto, el lugar magnífico (crecí a unos diez minutos del lugar en el que viviríamos y conocía muy bien la zona, ¡incluso tenía familia cerca!). El trabajo en sí parecía estar hecho a mi medida: francamente, pensé, sintiendo mariposas en el estómago, que si el trabajo era tan estupendo como parecía podría llegar a pagar para que me permitieran hacerlo. Pero, me recordé a mí misma: «Aún no hemos visto la casa». Acababa de tener mi tercer hijo, de modo que necesitábamos algo donde acomodarnos bien todos.

El día que me reuní con la supervisora para ver el sitio iba preparada para una posible decepción, pues parecía todo demasiado bueno para ser verdad. Pero al entrar en la casa me quedé sin aliento, no era lujosa, pero sí encantadora y acogedora. Perfecta para mí y mi familia. Miré las luminosas habitaciones y pude imaginarnos viviendo allí, felices.

Una semana más tarde me llamaron: el trabajo era mío.

Teníamos seis semanas para desmontar una casa a la que nos habíamos mudado hacía sólo seis meses, pero ahora teníamos que volver a hacerlo con un bebé de dos meses, además de sus hermanos de tres y cinco años, respectivamente. Era angustioso, abrumador y agotador. Más de una vez, con la cabeza metida entre cajas de cartón, me pregunté si llegaríamos a conseguir hacer la mudanza.

Aquellas seis semanas parecían un entrenamiento para las Olimpiadas. El traslado fue aún peor que el hecho de empaquetar todo. Todo se retrasaba, los niños estaban impacientes y, como el tiempo se acababa, los transportistas estuvieron a punto de dejar los bultos en la acera, pero al final mi marido les convenció para que terminaran el trabajo.

Afortunadamente conseguimos meter las cosas en la casa a tiempo, pero quedó todo manga por hombro; cuando se marcharon los transportistas parecía que hubiera pasado por allí un huracán. Mi marido y yo rescatamos dos colchones del laberinto de muebles, pusimos a los niños en la cama y nos miramos totalmente aturdidos, como dos supervivientes de una catástrofe aérea.

Exhaustos, nos encaminamos a la cocina, la única habitación en la que uno podía moverse. Un tanto ausente, fui abriendo armarios y cajones intentando hacerme una idea para poner orden. Todo estaba vacío, a excepción de un armario que se encontraba justo debajo del horno, dentro había una tarjeta adornada con dibujos de verduras. Tenía algo escrito y la saqué para leerla. Era una receta: «4-5 tazas de harina; 2 o 3 tazas de azúcar, 2 sobres de levadura...», aquella lista de ingredientes me resultaba familiar. ¿Dónde la había visto antes?

Después miré el encabezamiento de la tarjeta. «Receta de...», decía la plantilla, y escrito a mano, en la siguiente línea ponía: «*Challah* de Debby».

Sentí cómo se me erizaban los pelos de la nuca. Era la receta de *challah* de mi madre.

—¡Dios mío...! –murmuré.

En ese mismo instante mis pensamientos me llevaron a los últimos meses, a la inesperada crisis, al más inesperado aún rescate, a aquel sorprendente trabajo, a aquella casa perfecta, al barrio junto donde me crie. Y ahora esto.

No había lugar a dudas, ni siquiera para una escéptica como yo: mi madre había hecho todo aquello por mí, había sido mi *melitzas yosher*. Si he de ser sincera, no me sorprendió.

—Bueno –sonreí a mi marido a través de nuestro paisaje de cajas–, supongo que ya estamos en casa.

REA BOCHNER

El libro prestado

Al rabino Mendel Brachfeld se le considera uno de los más destacados sabios del judaísmo ortodoxo de finales del pasado siglo. Es conocido asimismo como un hombre de una extraordinaria integridad y grandes valores éticos. Mi suegro, que Dios lo tenga en su gloria, el rabino Leibl Mandelbaum, pensaba que era un privilegiado por haber tenido un relación estrecha con Mendel, al que consideraba mentor y amigo.

Mendel falleció unos cuantos años antes que mi suegro, pero, según parece, incluso en el otro mundo no podía concentrarse en los asuntos celestiales hasta no haber solucionado con éxito sus temas más terrenales. Una noche, bastantes años después de haber ascendido a las esferas celestiales, Mendel bajó al mundo terrenal para transmitir un mensaje urgente a su amigo de Antwerp, Shaul Hutterer.

—¡Shaul! –exclamó apareciéndose en sueños a su viejo amigo–, tienes que hacerme un favor. Le pedí prestado un libro a una persona a la que nunca tuve la oportunidad de devolvérselo, por favor, asegúrate de que el Sefer (obra de textos religiosos) llegue a su verdadero propietario –dijo y después desapareció.

Shaul se despertó profundamente conmovido y también algo enfadado. Ya que Mendel se había tomado la molestia de volver del otro mundo, ¿no había podido darle alguna información extra? Como por ejemplo el nombre concreto del libro o el nombre de su propietario. ¿Y por qué le había elegido como intermediario? ¿No podía haberse aparecido en sueños al hombre al que le pidió el libro prestado? «Pero ¿quién soy yo para cuestionarme las cosas del Más Allá?», se autorreprendió Shaul. Se tomó el sueño seriamente, no creyó que fuera el resultado del estrés, una alucinación o las divagaciones de un cerebro aún dormido. Creyó que efectivamente había tenido una aparición, pero por muy impresionante que fuera recibir un aviso del otro mundo no podía dejar de sentirse un poquitín molesto. ¿Quién sabe cuántos libros sagrados había poseído Mendel en toda su vida o cuántos se disputaban un sitio de honor en su impresionante biblioteca, la cual ocupaba toda la pared de su sala de estar. ¿Cómo podía localizar el libro al que se refería en su sueño? Con tan pocos datos, las posibilidades de encontrarlo parecían escasas.

No obstante, Shaul dio importancia a aquella tarea, y sabía que Mendel no descansaría hasta que aquel libro fuera devuelto. De modo que tomó el teléfono y llamó al hijo de Mendel, que vivía en Nueva York. Esperaba una respuesta de exasperación o de frustración, después de todo, atendiendo a la petición que había recibido, Shaul estaba a punto de iniciar con el hijo del rabino Brachfeld lo que a todas luces parecía que iba a ser una búsqueda infructuosa. Pero, para su sorpresa, el hijo de Brachfeld no se mostró ni escéptico en relación al sueño ni abrumado por la desalentadora tarea que su padre había encargado a su amigo.

—¡Claro que sí —dijo de inmediato. Estoy seguro de saber a quién se refiere mi padre. Su amigo Liebl Mandelbaum, un auténtico erudito y bibliófilo, siempre recomendaba —y siempre prestaba— a mi padre nuevos libros religiosos. Estoy seguro de que ese libro es de él.

El Sr. Brachfeld empezó a rebuscar entre la vasta colección de libros sagrados de su padre y extrajo un volumen en el que ponía Leibl Mandelbaum. Cuando se lo devolvimos a mi suegro, se quedó muy sorprendido.

—¡No tenía ni idea de lo que había pasado con el Sefer! —dijo el sabio distraído.

Unos años después, mi suegro fue llamado al otro mundo y en su funeral su sobrino contó esta historia, tanto para demostrar su erudición como para señalar las amistades tan ilustres que tenía.

Al día siguiente, cuando mi marido se encontraba cumpliendo los sietes días de luto reglamentarios, la *shiva,* se acercó a él uno de los compañeros de mi suegro para presentarle sus respetos y entregarle un paquete.

—Tome —dijo dándole un volumen muy usado que extrajo de una bolsa de plástico—. Es un libro que me dejó su padre y que he querido devolverle de inmediato.

—Muchas gracias —dijo mi marido, un poco confundido por la falta de protocolo—, pero no tenía que traérmelo ahora, en la *shiva.*

—¿Bromea? —dijo aquel hombre mirando alarmado a mi marido—, en el funeral escuché la historia acerca de Mendel Brachfeld y el Sezer que había pedido prestado a su padre. ¿Cree usted que deseo que su padre se me aparezca en sueños? ¡Cójalo, por favor!

Y, tirando prácticamente el libro en las manos de mi marido, salió de allí disparado.

Yitta Halberstam

Metamorfosis

En 1966, en Tel Aviv, un padre angustiado se acercó al rabino Shlomo Carlebach, popularmente conocido como «el rabino cantante» –un líder carismático y admirado por brindar su ayuda a cientos de miles de personas que buscaban la fe–, y le pidió ayuda.

—Por favor, ¿podría usted intentar hacer entrar en razón a mi hijo? Es un alto cargo del ejército, y puede que sea un buen israelí, pero no un buen judío. En realidad, detesta la religión judía. Eso es algo que ocurre hace un tiempo, pero últimamente se está extralimitando en su locura. En el comedor de mi casa hay colgado un gran retrato de mi difunto padre, un judío ortodoxo, en el que luce una gran barba y un gorro de piel. Mi hijo me ha dicho que no vendrá a casa hasta que no quite aquel retrato, dice que le repugna pensar que su abuelo era un imbécil. ¿Qué puedo hacer con él?

El rabino Carlebach intentó por todos los medios convencer al joven militar de que respetara las tradiciones de su padre y que no le causara tantos disgustos, pero el hijo seguía desafiante e inflexible. A diferencia de su padre, que usaba kipá (pequeña gorra) para mostrar sus creencias judías, él llevaba la cabeza descubierta. No observaba las leyes judías y seguía empeñado en que el retrato debía ser retirado.

—Tiene una especie de bloqueo en torno a la religión –dijo el rabino Carlebach a sus amigos, el Dr. Joshua Ritchie y Lliane Ritchie–, y no sé qué hacer.

Shlomo no podía convencer a aquel joven de que cambiara de idea y finalmente desistió de hacerlo.

Un año más tarde, tras la triunfante salida de Israel de la Guerra de los Seis Días, llamó a la puerta de la casa del rabino Carlebach, situada en el asentamiento israelí de Mevo Modi'im, aquel padre, acompañado por su hijo, que ahora vestía siguiendo todas las reglas de un judío ultraortodoxo: barba, *peyots* (rizos laterales) y *tzitzit*, los flecos que asoman por debajo de la vestimenta.

—Parecía totalmente otra persona –recordaban los Ritchie que les había contado el rabino Carlebach, asombrado por la metamorfosis.

—¿Qué te ha sucedido? –le preguntó Shlomo. Y esto fue lo que el joven le dijo:

—En la Guerra de los Seis Días, iba conduciendo un tanque en Sinaí y vi detrás de mí un tanque egipcio al que seguían otros; intenté acercarme lo más posible a los otros tanques israelíes porque sabía que no podía enfrentarme yo solo a todos ellos. Iba lo más rápido que podía cuando, de repente, vi a un viejo judío que llevaba un *tallit* [manto de oración judío] y filacterias, y que estaba en medio de la carretera... ¡rezando! ¡No podía creer lo que estaba viendo! Y todos sabéis lo que yo pensaba sobre los religiosos, ¡aquello era una locura!

»Sabía que los judíos estaban locos, pero ¿llevar aquella locura en medio de la guerra? ¿Y allí, en el desierto, de pie, rezando? Mi primera reacción fue pensar: «Debería pasarle por encima», pero ¿cómo podía pasar por encima de un ser humano? Así que di un rodeo. El tanque egipcio, el que me seguía, en vez de dar el rodeo, avanzó directo hacia el lugar donde estaba el viejo judío. Y ¡boom!, saltó por los aires a consecuencia de una mina enterrada exactamente en el lugar hacia donde yo me encaminaba y que había evitado para no atropellar a aquel viejo. Tuve escalofríos, miré hacia atrás para ver qué había pasado con el judío, pero ya no estaba. ¿Dónde podía haberse ido en tan poco tiempo? ¿Se había muerto él también o quizás se había ido justo a tiempo? Me inquieté sobre su suerte, pero la inevitable refriega en la que me vi envuelto con los otros tanques egipcios acaparó toda mi atención.

»Cuando después fui a ver a mi padre a su casa de Tel Aviv me fijé en el retrato de mi abuelo, que seguía en su sitio. Nunca le había prestado demasiada atención, pues me asqueaba, pero en aquel momento hizo que me estremeciera de arriba abajo pues mirándolo detenidamente por primera vez en la vida vi con claridad que se trataba del mismo hombre que estaba rezando en el desierto: ¡el hombre que me había salvado la vida!

»Pero mi abuelo llevaba muerto mucho tiempo... yo ni siquiera llegué a conocerlo. ¿Cómo era aquello posible? Estaba estupefacto. El hombre del desierto no había sido un espejismo, lo sabía, de modo que sólo había una explicación posible: mi abuelo había hecho un viaje muy largo –había bajado del cielo– para salvarme a mí, a su obstinado nieto, ¡ahora un verdadero creyente!»

SHLOMO CARLEBACH,
tal y como lo contó a Joshua y Liliane Ritchie

Un mensaje para Marion

Yo soy la mayor de ocho hermanos. Cuando tenía diez años, hace unos treinta, mi hermana pequeña, Lily, murió de repente. Fue una tragedia, pero yo era una niña y la vida seguía, me encontré a mí misma viviendo cada vez menos la pérdida. Pero aprendí algo: el tiempo pasa, el dolor se adormece, pero nunca, nunca se llega a olvidar. Ahora estoy casada y tengo seis hijos, pero esta historia empieza tres años atrás, cuando tenía cinco.

Una noche, estaba en la cama durmiendo, pero me encontraba en una especie de limbo, en esa fase en la que te acabas de despertar pero no del todo, aún estás dormido, pero no totalmente dormido. Tenía los párpados cerrados, sin embargo supe de inmediato que había alguien más en mi habitación. Sabía que no se trataba de mi marido, pues se había ido a trabajar unas horas antes del amanecer, mucho antes de que me despertara, por lo tanto, tenía claro que no estaba en la casa. ¿Sería un intruso? Me quedé paralizada de miedo. Pensé: «Aquí hay alguien, pero ¿quién?», y oí la respuesta en mi mente: «Lily».

No sé a otras personas, pero a mí las historias de fantasmas, espíritus o visitas del Más Allá me ponen la piel de gallina y los pelos de punta. No me tranquiliza pensar que me está observando alguien a quien no puedo ver, ¡es algo escalofriante!

Finalmente, me quedé en la postura que tenía durmiendo, fingiría que se trataba tan sólo de un extraño sueño.

—Tengo un mensaje para Marion –oí una voz en mi cabeza.

Marion es otra hermana, ella tenía cuatro años cuando Lily murió.

—Bien –dije.

Escuché que la voz decía:

—Dile, por favor, que todo irá bien.

—De acuerdo, pero la próxima vez si tienes un mensaje para ella, por favor, dáselo tú misma. Dentro de unos minutos me despertaré y me sentiré totalmente aterrorizada.

Ya no recuerdo cómo me sentí cuando abrí los ojos, si estaba asustada o no, pero sí que pensé que Marion nunca me creería, pues de no haberme sucedido a mí no sé si lo hubiera creído.

Pasaron unos días y aún no se lo había dicho a nadie, y menos a Marion, que además en esas fechas estaba en el extranjero. Finalmente, decidí lo siguiente: yo sabía lo que había sucedido, me habían dado un mensaje, de modo que tenía que comunicarlo. Si se reía de mí, pues, bueno, al menos habría hecho lo que creía que debía hacer.

Descolgué el auricular y llamé a Marion.

—Sé que no vas a creerme pero… –y se lo conté. Esperé que Marion se echara a reír, pero en cambio oí un sollozo.

—¿Estás ahí? –le pregunté.

—Sí –me contestó. Estaba llorando.

Una vez se hubo calmado un poco, me dijo:

—Esto es lo que necesitaba oír.

No investigué más, pero me sentí muy reafirmada. ¡Sabía que aquello había sucedido!

—Le dije a Lily que la próxima vez te diera el mensaje directamente a ti –le dije a Marion.

—¡Uy, no –contestó–, yo lo hubiera descartado totalmente. Es cierto, ella es muy susceptible.

Unas semanas más tarde descubrí lo que ocurría en la vida de Marion. Estaba saliendo con una persona y necesitaba una señal de que todo iría bien. La confirmación de Lily llegó en el momento oportuno, y, poco después, Marion y su joven amigo se comprometieron. En la actualidad Marion está felizmente casada.

Unos meses después de la boda de Marion, supe que yo estaba embarazada. Tenía cuatro hijos y una hija y –no me avergüenza decirlo– estaba deseando tener otra niña. Sé que pensarás que estará bien aquello que Dios mande, será lo que sea, y es verdad; pero yo quería tener una niña, rosadita, vestirla con volantes y hacerle arrumacos. Planeé una ecografía hacia la semana veintidós para saber así el sexo de mi bebé, pues de ese modo si era otro niño tendría tiempo para hacerme a la idea. Estaba en ascuas.

Poco después de saber que estaba embarazada, tuve un sueño parecido al anterior. Lily vino a verme por segunda vez. Las circunstancias fueron exactamente las mismas: me desperté, me encontraba sola en la habitación pero sentí que allí había alguien más. Intuí que había dos personas, no puedo explicar el porqué, pero eso fue lo que sentí.

—¿Hay alguien ahí? ¿Quién es? –me pregunté.

—Soy Lily –la segunda persona no dijo nada. Tengo un mensaje para ti y para Marion.

—No, gracias. Si tienes un mensaje para Marion, dáselo a ella, por favor.

—De acuerdo.

—¡Espera! –añadí de repente–, antes de irte, dime: ¿tendré un niño o una niña?

—Niña.

Cuando me desperté, sentí una enorme paz. ¡Una niña! ¡Gracias, Dios mío!

Y después pensé: «Bien, pero ¿cuál era el mensaje? ¡Ay, qué tonta soy! Quizás algo va a ir mal con el bebé y ella vino a advertírmelo».

Marion estaba muy enfadada conmigo porque yo no había querido ser la mensajera.

Durante el resto del embarazo, seguí preocupada por la salud de mi bebé. Estaba convencida de que algo iba a salir mal. Recé mucho. Además, estaba tan asustada que tenía miedo de quedarme durmiendo sola en mi habitación después de que mi marido se fuera a trabajar.

En julio de 2013 nació mi hijita, sana y perfecta, gracias a Dios. Me resultaba familiar: ¿era ella quizás la persona que acompañaba a Lily cuando vino aquella noche a visitarme? Pero, a menos que Lily vuelva de nuevo a verme y confirme mis sospechas, nunca lo sabré seguro.

Y en cuanto a los mensajes que deseaba darme para Marion y para mí, y que rehusé escuchar, siguen siendo un tentador misterio.

ANÓNIMO, *tal y como llegó a las autoras*

Un sueño profético

Durante mi dura infancia, mis abuelos paternos –quienes en los años de mi preadolescencia vivieron a dos manzanas de casa, y después, hasta su muerte, a unos pocos kilómetros– fueron mi refugio. Ellos eran el fiel de mi balanza, las personas a las que acudía cuando necesitaba tranquilidad, amor y apoyo. No tenían más posesiones que las realmente necesarias: amabilidad, compasión, amor. Sin ellos, no estoy segura de haber podido sobrevivir a mi infancia.

Yo hablaba con mis abuelos casi cada día, y cuando me casé y tuve hijos, mi abuelo fue mi niñera fija. Ni siquiera tenía que preguntarle, cuando contestaba el teléfono me decía: «¿A qué hora?». Mis abuelos cenaban con nosotros una vez por semana. Aún puedo oír la voz de mi abuelo entrando en casa y diciendo: «¿Cómo estáis? ¿Qué tal?», y después, cogiendo a sus nietos en brazos, nos daba un beso.

En abril del 2000, mientras estaba preparando nuestra comida semanal, me llamó mi abuela.

—Ayer por la noche el abuelo se dio un golpe, está mal. ¿Puedes venir?

Dejé todo y me presenté en diez minutos.

Cuando llegué, mi abuelo estaba en cama, casi irreconocible. Tenía la cara morada, casi negra, y el ojo izquierdo cerrado de lo hinchado que estaba.

Disimulando el pánico, llamé por teléfono al mejor amigo de mi marido, que era oftalmólogo. Resultó que, milagrosamente, estaba en casa. Le describí el estado de mi abuelo y vino al instante.

—Me gustaría que fuera al hospital –dijo el oftalmólogo después de visitar al abuelo–, pero se niega rotundamente.

Después me extendió unas cuantas recetas que fui a buscar de inmediato. A la mañana siguiente, hacia las cinco de la madrugada, me desperté de un sueño inquietante, un sueño tan real que rompí a llorar. En el sueño me veía a mí misma entrando en la habitación de un hospital. Mi abuelo estaba en una cama, rodeado de familiares difuntos, algunos de los cuales reconocí como sus hermanos y hermanas. La única persona viva de aquella habitación era mi abuelo. Me acerqué a la cama y le dije: «Lo siento, abuelo, perdóname».

Aún hoy puedo oír su voz, escuchar lo empática que fue su respuesta.

—Olvídalo. No te preocupes –y movió una mano como ahuyentando mis temores. Cuando me desperté no supe por qué había tenido que pedirle perdón. Eso me intranquilizó, lo único que me consoló fue su firme rechazo ante cualquier disculpa.

El sueño continuaba. Recuerdo que yo miraba alrededor, a aquellos visitantes etéreos. Era totalmente consciente de que la «familia» le rodeaba, y deseaba que el abuelo me confirmara que iba a ponerse bien. Al dirigir la mirada hacia él vi que tenía los ojos cerrados, y que una pequeña sonrisa adornaba su angélico rostro. Un momento después, sus familiares se fueron y yo me quedé a solas con su cuerpo.

Aquella experiencia fue tan real que estaba segura de que había sucedido. Necesité unos segundos para reorientarme.

Cando oyó mis sollozos Jim, mi marido, se despertó.

—¿Qué pasa? –dijo–, y le conté el sueño.

—¡Tengo que ir a ver si está bien, tengo que llamar a la abuela!

—Sabes que si hubiera pasado algo, te habría llamado –me tranquilizó Jim. Pero yo no podía quitarme el miedo y la inquietud de encima.

—Seguramente, aún están durmiendo. Espera hasta las ocho. No les preocupes.

Dudando qué hacer, hice caso del razonamiento de Jim y esperé. A las ocho en punto, telefoneé.

Mi abuela respondió al segundo timbrazo.

—¿Está bien el abuelo? –pregunté.

—Necesito que vengas. Yo sola no puedo atenderle.

Me pareció tan desesperada que cogí las llaves del coche y me lancé hacia la puerta. Pero me sentí aliviada, al menos seguía vivo, no era demasiado tarde. Todo iba a ir bien. Pensé que el sueño era una advertencia, y que rezando impediría que se hiciera realidad.

El tiempo se detenía y se aceleraba. No tengo noción de lo que sucedió entre la llamada y mi llegada a su casa.

Una vez más, encontré al abuelo en la cama y a la abuela intentando aliviarle. Rápidamente comprendí que teníamos que llevarle de inmediato al hospital. Antes de acabar de marcar el primer 1 del 112 de urgencias, el abuelo empezó a protestar con una furia que nunca había visto en él.

—¡No, no quiero ir al hospital! –gritó.

Me escabullí de la habitación con lágrimas en los ojos y llamé al oftalmólogo.

—Está mucho peor –le dije–, pero se niega a ir al hospital. No sé qué hacer, no puedo ir contra sus deseos.

—Déjame hablar con él –me contestó.

Fui a la habitación de mis padres.

—Abuelo –dije–, el doctor quiere hablar contigo. Le pasé un teléfono y me fui al comedor a escuchar la conversación con el otro.

Con suavidad pero con firmeza, el médico le explicó que era importantísimo que fuera al hospital.

—Necesito su conformidad –le dijo. Finalmente, el abuelo murmuró lo que me imaginé era un sí. Colgó y llamé al 112.

Cuando llegó la ambulancia, el abuelo volvió a enfurecerse.

—¡Te lo dije, no quiero ir!

Sentí que el corazón se me desgarraba, la culpa me sacudió con la violencia de una tormenta de verano. Una parte de mí pensaba que le había engañado y que había dejado que el médico fuera la cabeza de turco.

Mientras el servicio de urgencias hacía su trabajo, el abuelo se calmó. Y no sólo le vi calmado, resignado con su destino, sino que también yo sentí la misma sensación. Sabía que yo había obviado su decisión de permanecer en su casa. Me dije en silencio que aquello era lo mejor, que había hecho lo correcto, que su salud era lo primero.

Seguí a la ambulancia hasta el hospital. Una vez que mi abuelo estuvo instalado en urgencias, me reuní con él. Necesitaba que ambos nos tranquilizáramos y le dije:

—Abuelo, te pondrás bien. Te están atendiendo unos médicos excelentes que cuidarán de ti.

—Los médicos son unos seres humanos excepcionales, pero esto es algo entre Dios y yo –me dijo.

Las lágrimas me invadieron, así que agradecí enormemente que tuviera los ojos cerrados. No tenía qué responderle.

Una vez ingresado el abuelo, dejé los sueños a un lado, y también la posibilidad de que muriera. Tuve que hacerlo, pues al cabo de dos días tenía que presidir una subasta que pretendía reunir dinero para una investigación sobre el cáncer de mama. Había dedicado meses y meses de trabajo a planificar aquel evento. Mis abuelos lo sabían, pues incluso les había pedido material, y yo era consciente de que, sin duda alguna, ellos se habían implicado en aquella subasta por mí.

Al día siguiente de su ingreso, el abuelo me llamó, y se le oía tan animado y alegre que pensé que iba a recuperarse. Después de charlar un rato, su voz parecía más seria, hizo una pausa y me preguntó:

—¿Cuándo tienes la subasta?

—Mañana por la noche –le dije.

—¿Y a qué hora acaba?

—Alrededor de las once.

Suspiró profundamente.

—Lo harás muy bien, será el mejor evento de todos los que habéis hecho hasta ahora –dijo–, y después colgó el auricular.

Al pensar en su insistencia acerca de la hora en que se acabaría la subasta, llegué a la conclusión de que él sabía que iba a morirse y que estaba esperando a que yo acabara mi trabajo. Siempre anteponía a los demás, sobre todo a su familia, a sus propios intereses.

Tal como había dicho mi abuelo, aquel año reunimos más dinero que cualquier otro. Contentísima, andando sobre nubes, me fui a dormir agotada y satisfecha. Me había olvidado por completo del sueño que había tenido dos días antes.

Por la mañana llevé a los niños al colegio y después fui a casa a darme una ducha. Mientras me vestía, sonó el teléfono. Me asaltó el miedo.

La llamada era del hospital.

—Jack ha muerto –me dijo una enfermera–. Su abuela está aquí, y su tío y su tía vienen de Janesville, le esperamos si desea venir también.

Me apresuré, me puse los zapatos, salté al coche y me fui corriendo al hospital. El destello de unas luces me detuvo. El policía se acercó a la ventanilla y me preguntó si sabía por qué me habían hecho parar. Negué con la cabeza.

—Se ha saltado un stop –me dijo–, y ha seguido circulando.

Sollozando le expliqué las circunstancias por las que estaba pasando. Se mostró empático, me regañó y me dejó seguir con la advertencia de que condujera con sensatez. Asentí.

—Quiero ver al abuelo –dije a mi abuela después de saludarla con lágrimas y abrazos. Ella me condujo a la habitación del abuelo, pero no entré. Como un relámpago en la oscuridad de la noche, me vino a la memoria el sueño. Allí estaba yo, frente a la habitación del abuelo, como en el sueño. Entré despacio y me quedé junto a su cama. Le miré, su rostro angelical lucía una bella y dulce sonrisa, exactamente igual a la que yo recordaba.

Sabía a ciencia cierta que el abuelo estaba contento, rodeado de sus hermanos y de sus seres queridos. Pero la culpa ensombrecía la sensación de paz que sentía. Sabía que yo le había forzado a ir al hospital, cosa que él no deseaba. Le pedí perdón una vez más, y oí sus palabras en mi interior:

—Olvídate de ello, no te preocupes.

A pesar de lo doloroso que fue experimentar aquel profético sueño, me siento agradecida. Conociendo al abuelo, sabiendo que él siempre anteponía a los demás, y la relación tan estrecha que teníamos, sentí que había estado con él en sus últimas horas, al menos en espíritu. El aviso, la visión y el perdón me ayudaron a sobrellevar su gran pérdida. Para mí, aquél fue su último acto de generosidad, compasión, y, sobre todo, de amor.

LIZA WIEMER

Los regalos del abuelo

Cuando murió mi querido abuelo, cayó sobre mí una especie de niebla de la que no podía librarme. Le extrañaba muchísimo. Aunque ya tenía ochenta y ocho años, se fue demasiado pronto. Yo le necesitaba, él siempre fue un gran referente durante toda mi infancia y un sólido apoyo a lo largo de mi vida adulta.

Cuando era pequeña, con frecuencia me quedaba a dormir en su casa. El abuelo siempre me llevaba a la cama y se quedaba conmigo hasta que me dormía, lo que hacía que me sintiera segura y querida. De adulta, cuando estuve hospitalizada cerca de un mes, permaneció a mi lado, tomándole de la mano y contándome historias que hacían que mi mente se mantuviera alejada de la intervención quirúrgica a la que debía someterme, así como de las infecciones que siguieron.

Cuidó de mis hijos y siempre me decía lo bien que se portaban, aunque después por mi abuela sabía que no habían sido unos angelitos precisamente. Cada vez que iba a ver a mis abuelos a su casa, él nos esperaba en la escalera, tan ansioso de recibirnos que nunca permanecía dentro. Nos colmaba de abrazos, besos y amor.

Su amor es lo que más echo en falta.

Pocas semanas después de su muerte, la abuela me pidió que le ayudara a limpiar los cajones y el armario de mi abuelo. Me quedé de piedra al ver las cosas que apreciaba y guardaba; eran invitaciones de las bodas de sus familiares, recortes de prensa con noticias y logros de sus cinco biznietos y nueve nietos, y programas de actuaciones de teatro y actividades escolares.

No tenía nada material que fuera valioso, pero los recuerdos que conservaba demostraban que era un hombre rico. Yo deseaba algo suyo, algo físico que guardar. Pero allí no parecía haber nada «especial» que pudiera llevarme a casa. Donamos toda su ropa, y lo único que quedó fue su cartera con el permiso de conducir. Tenía su biblia, pero no recordaba que él la llevara o que me la mostrara, sólo la que él me dio un día.

Lo que sí tenía, en cambio, eran unas servilletas de colores y papel higiénico que el abuelo conseguía de un amigo al que ayudaba a hacer recados. Aquel hombre estaba relacionado con un distribuidor de papel y tenía gratis todo el papel que quisiera de aquellas muestras «irregulares». El abuelo se las daba a la familia y a los amigos para que nos limpiáramos el trasero y la cara. Cuando llegaba cargado con aquello, todos nos reíamos. Hasta el día de hoy, he tenido una bolsa de plástico de cinco litros con unas cuantas servilletas de color violeta y una etiqueta que decía «del abuelo». Ésta es una historia graciosa y un símbolo de su generosidad que pasará de generación en generación.

Pero el papel higiénico y las servilletas no eran suficientes para mí. Me resultaba difícil explicar por qué buscaba tan desesperadamente algo físico que conservar, a no ser que se tratara de desear una conexión con él. Lo que después reconocí es que lo que yo realmente deseaba, lo que necesitaba era saber que él estaba todavía conmigo, que velaba por mí. Necesitaba algo que aliviara el aguijón de la pena que me invadía y que no podía quitarme de encima.

Cuando la pena me embargaba, me iba a pasear al lago Michigan por Beach Drive, un camino empinado y lleno de curvas con unas casas espléndidas y arena brillante, a unos dos o tres kilómetros de casa. Al llegar al lago, me quedaba en una roca mirando el agua hasta que la belleza de la naturaleza me fortalecía el alma y aliviaba un poco mi pesar. En esos momentos de mi vida aquellos paseos eran casi diarios.

Pero un día aquellos planes de ir hasta la playa cambiaron. Había ya empezado a andar, pensaba en mi abuelo y rezaba por recibir una señal que me indicara que él estaba conmigo. En mi cabeza oí una voz que me decía: «No bajes andando a la playa, vuelve a buscar el coche».

«¿Mi coche?», me pregunté, ¿por qué tenía que buscar el coche? Pero sentí un impulso tan fuerte que deshice el camino y volví a casa a buscar mi monovolumen.

Bajaba la montaña luchando contra mi enojo. Una vez llegué a la playa, me encontré con que no había ni un solo aparcamiento. Como mucho podía dejar el coche unos minutos en una zona que estaba señalada con un «No aparcar». No parecía que aquello pudiera calmar mi alma dolorida. Después vi una señal: la razón por la que necesitaba ir allí en mi coche en vez de ir andando hasta el lago.

El hermano de mi abuelo tenía una casa en Beach Drive. Durante mucho tiempo no había pensado en mi tío abuelo, sólo sabía que aún tenía aquella casa, pero ya no vivía allí, se había ido a una residencia de ancianos. Su casa llevaba deshabitada años.

Pero ese día no estaba vacía, pues había en ella un montón de gente. En el jardín había un enorme cartel que anunciaba: «Propiedad en venta».

Seguí por el camino, aparqué y me metí dentro de la casa. Al contrario que mi abuelo, este familiar era rico. Encontré allí montones de recuerdos familiares en venta: libros dedicados por mi abuelo a su hermano, ropa de mesa y otras fruslerías. Acabé comprando bastantes cosas y cargándolas en el coche.

Está claro que también habría visto aquel cartel de haber ido andando a la playa, pero habría sido un gran fastidio, pues se me habría hecho tarde y no habría llegado a tiempo. Tampoco hubiera llevado la cartera, pues nunca la llevo cuando salgo a caminar.

Acabé regalando a los miembros de mi familia muchas de las cosas que compré. Me reservé unos pocos libros y un par de manteles que un día adornaron la mesa de mi tía abuela. Eran cosas de poco valor monetario, pero para mí tenían un gran valor sentimental, como escritora y amante de la cocina.

Al salir de la casa de mi tío abuelo, la niebla que me invadía se disipó. Aquellos «regalos» me ayudaron a superar su pérdida física. Vuelvo a recordar aquel momento y me doy cuenta de que ésa fue su forma de darme lo que yo necesitaba: una señal de que me estaba cuidando. En aquel momento y siempre.

LIZA WIEMER

Felicitaciones celestiales

*E*ra el 23 de septiembre de 2009, yo celebraba mi primer cumpleaños sin mi querida abuela, que había fallecido diez meses antes. La añoraba muchísimo, estábamos muy unidas y hablaba con ella casi a diario. Acababa cada llamada diciéndome: «Te quiero», y yo le contestaba: «Yo también». Ésas fueron las palabras que me dijo, a sus jóvenes noventa y cuatro años, antes de que su alma abandonara su cuerpo. A pesar de mi tristeza y de la pérdida que sentía, estaba feliz de haber contado con ella tantos años.

Los cumpleaños y los aniversarios eran muy importantes para mi abuela, que nunca olvidaba uno. Recordaba todos los cumpleaños de la familia con tarjetas postales que llegaban el día señalado y, siempre, siempre, llamaba por teléfono para colmarnos de bendiciones. Unos días antes de cualquier cumpleaños o de un aniversario de boda, me llamaba para asegurarse de que no me olvidara de telefonear también y de enviar mis mejores deseos.

Ese cumpleaños en especial, yo sentía un gran dolor de corazón. No habría ninguna llamada, ninguna postal en el buzón. Aquella mañana fui a impartir mis clases de primaria con un pesar tan grande que me privaba de la alegría de aquel día especial.

El malestar se me pasó cuando mis compañeras y mis alumnos me sorprendieron con un ramo de flores y un pastel. Pero cuando dejé el colegio, la punzada de pena reapareció.

Había planeado que al acabar las clases iría a la biblioteca a devolver unos libros y que después pasaría por la tienda de comestibles.

Pero, como me habían regalado las flores y el día era anormalmente caluroso, decidí que no iba a dejar que las flores se marchitaran en el coche. Fui a casa, que estaba a unas manzanas del colegio, puse las flores en agua y pensé si sería mejor ir antes a la tienda o a la biblioteca. La lógica me decía: «Ve primero a la biblioteca y luego a la tienda». Tenía sentido, ¿cómo iba a dejar la comida en el coche para que se calentara?

Pero una voz interior me llevó a ir primero a la tienda de comestibles, en la biblioteca estaría tan sólo unos minutos, así que la comida no se iba a estropear. Conduje hasta la tienda, que se hallaba a unas cuatro manzanas.

Nada más entrar, me encontré con una señora que nos conocía a mi abuela y a mí. Hacía años que no la veía, y por allí quedaba poca gente que nos conociera a las dos. Tras saludarme con cariño y sin vacilar ni un momento, la mujer me dijo:

—Tu abuela estaría muy orgullosa de ti.

Aquellas palabras me cogieron por sorpresa y tuve que contener las lágrimas.

—¿Por qué ha dicho eso? –le pregunté.

—No lo sé, me pareció que necesitabas oírlo.

Apenas pasados unos segundos, entró en la tienda otra señora a la que conocía pero que hacía al menos un año que no veía. Nos miró y se acercó sonriendo abiertamente. Nos saludó y después me dijo:

—¿Has visto la película *Julie & Julia*?

—No –le contesté–, ¿de qué trata?

—Es de una mujer que se llama Julie que escribe un blog sobre las recetas de Julia Child. La vi anoche. Es muy buena.

—¿Ha dicho Julia Child? –le pregunté incrédula.

—Sí –me contestó, y siguió contándome la película, pero yo no la escuchaba, estaba demasiado aturdida para oír lo que me estaba diciendo. No tenía ninguna duda de que mi abuela me había enviado a aquella mujer para demostrarme que aún estaba junto a mí y que me deseaba un cumpleaños feliz.

¿Que cómo lo sé? Es muy sencillo: yo apodaba a mi abuela Julia Child. Solía llamarle y decirle: «¿Podría hablar con Julia Child, por favor? Necesito una receta». Entonces mi abuela, disimulando su acento sureño, se ponía a imitar a Julia Child y compartía conmigo sus mejores recetas y sus consejos culinarios. Era una broma recurrente que siempre me hacía gracia.

Como mi abuela ya no estaba físicamente conmigo, a mi sonrisa le acompañaron unas cuantas lágrimas mientras les expliqué a aquellas dos señoras que ambas eran sendos mensajes que mi abuela me enviaba a modo de felicitaciones de cumpleaños celestial.

LIZA WIEMER

Protección recubierta de azúcar

*M*ichelle nunca participaba en las visitas al cementerio. La insistencia de su madre porque siguiera una vieja tradición familiar –las mujeres embarazadas no acuden a los funerales ni visitan el cementerio a menos que deseen llamar la atención de las fuerzas oscuras– le impidió asistir al funeral de su abuela. Michelle adoptó la vieja tradición familiar como propia: la usó como excusa y optó por no ir al cementerio con todos, y nunca se unió a su familia en las peregrinaciones al lugar en el que estaban enterrados su abuela y otros familiares.

—No me necesitáis para el servicio religioso, y yo sé además que la abuela no querría que llegara tarde al trabajo por su culpa –solía decir Michelle como excusa para no participar en la visita anual a la tumba de su abuela.

Pero cuando murió Ruth, su compañera de trabajo, era de esperar que toda la plantilla del despacho asistiera a su funeral, también Michelle. De hecho, fue ella la que reclutó a todo el grupo para ir al cementerio. A Michelle le inquietaba la idea de ir, pero no había otra alternativa. Ruth había sido siempre una excelente trabajadora que servía gentilmente café y té en los descansos para comer. Era como la «mamá» de la oficina: siempre la primera en ofrecer su ayuda para cualquier cosa, la persona a la que todo el mundo contaba sus problemas. Consolaba al que sufría una crisis y arrimaba el hombro en cualquier urgencia que se presentara. Michelle no podía desentenderse de la visita al cementerio bajo ninguna circunstancia. Nadie en la oficina se había enterado de que Ruth estaba enferma hasta la mañana en que de repente se desmayó en el trabajo. Murió una semana más tarde. Todo el mundo se sintió invadido por una tristeza enorme. Pero la pena de Michelle estaba acrecentada por su terror de ir al cementerio, a cualquier cementerio. Pasó toda la mañana con un nudo en la garganta.

Al llegar al cementerio de Jerusalén, Michelle se dio cuenta de que aparcar allí iba a ser un auténtico problema. Ruth era muy querida y cientos de personas habían llegado al cementerio de Har Tamir a presentarle sus respetos. Había perdido la esperanza de encontrar un sitio para aparcar cuando de repente tuvo suerte. Vio en la calle una pequeña curva que parecía que no había visto nadie. Dio un golpe de volante, se echó hacia delante y casi chocó con una valla de piedra. Los pasajeros del coche salieron deprisa para dirigirse hacia la funeraria, y antes de irse quedaron en que, tan pronto como acabara la ceremonia, saldrían todos rápidamente para reunirse en el coche de Michelle y evitar así que ésta se encontrara con todo el tráfico de vuelta.

Michelle lloró mientras escuchaba los pésames. Ruth era muy joven no llegaba a la cincuentena. Ninguno de sus hijos se había casado aún, de modo que nunca llegaría a tener la dicha de conocer a sus nietos. ¿Qué consuelo podía darse a aquella familia?

Tan pronto como la última persona en hablar abandonó el estrado, Michelle se secó resueltamente las lágrimas y se encaminó al coche; en aquel momento dejar atrás el cementerio era su mayor prioridad.

Hasta que no llegó junto al coche Michelle no se dio cuenta de tenía una rueda pinchada. Había dejado de llorar, pero sintió que estaba dispuesta a empezar de nuevo. Con los ojos irritados, tragó saliva y dejo escapar un gemido. «¿Cómo voy a arreglar esto?», se preguntó. Parecía que el coche iba a quedarse allí siempre.

Uno a uno fueron llegando los compañeros de trabajo y se quedaron allí impotentes, pues ninguno sabía cambiar una rueda. Michelle tiró el bolso y la chaqueta en el asiento de delante, decidida a pedir ayuda, pero justo entonces el cortejo fúnebre se encaminaba lentamente hacia ella. Deseaba pedir ayuda, pero no podía deshonrar la tradición judía de seguir al cortejo funerario hasta la tumba. No había modo de ignorar aquella larga hilera de dolientes que acompañaban a los restos de Ruth, así que les dijo a sus compañeros que la siguieran. Todos juntos se unieron a aquella procesión, olvidando de momento encontrarse con el coche, la rueda desinflada y los planes de abandonar rápidamente el cementerio.

A Michelle le sorprendió su hermano entre aquella multitud, y después de que se rezara la última plegaria y acabara el ritual de colocar pequeñas piedras sobre la tierra húmeda, le convenció para que cambiara la rueda del coche. Se encaminaban juntos hacia el coche, pausadamente, cuando de repente Michelle empezó a correr y su hermano la siguió.

—¿Adónde vas corriendo, Michelle, qué es lo que pasa? —le preguntó.

—Me he dejado el coche abierto, ¡mi bolso, mis tarjetas de crédito, mis llaves, todas mis cosas en el asiento de delante! —le gritó Michelle a su hermano mientras corría.

Sin aliento, llegó al coche con los nervios destrozados por aquel día tan triste que iba a acabar en pesadilla. «¿Cómo puedo haberme dejado el coche abierto con todas mis cosas dentro? —se preguntó—. ¿Cómo puedo haber sido tan poco responsable?».

Por increíble que parezca, Michelle encontró el coche tal como lo había dejado, con la puerta entreabierta, el bolso en el asiento, las llaves allí tiradas, y también la cartera. Todo tal y como estaba cuando se unió de repente al cortejo. Su hermano se quedó mirándola divertido, con los brazos cruzados, observando la cara de sorpresa de Michelle.

—Pues claro que todo está intacto, ¿qué esperabas? La abuela lo estaba vigilando. ¿Crees que ella iba a dejar que alguien le robara el monedero o el coche a su nieta? —le dijo.

—¿La abuela? ¿Que la abuela cuidaba de mi coche? Pero ¿qué dices? —le dijo.

—¿No te has fijado dónde has aparcado? Estás justo delante de la tumba de la abuela. No tienes ni que pasar la valla, desde aquí puedes leer lo que pone y ver grabada en la piedra la fecha en que murió.

Michelle miró la piedra que tenía frente a ella. Apenas podía contener el impacto y la angustia que sintió. ¿Cómo pudo haber dejado de ir a ver la tumba de su abuela? Ni siquiera sabía dónde estaba enterrada. Sintió una gran vergüenza al descubrir que había llegado allí de manera accidental, le resultaba doloroso el solo hecho de pensar en ello. Ni siquiera el GPS más sofisticado del mercado le hubiera conducido allí de forma tan eficaz. Por otra parte, tuvo la inquietante sensación de que fue su abuela la que hizo que saliera del coche y se uniera al cortejo, en vez de abandonar el cementerio sin cumplir con su deber. Así que mientras ella seguía a todo el mundo, la abuela le cuidaba su coche y sus pertenencias, como siempre había cuidado de ella.

La había dado de comer cuando tenía hambre, le había leído historias cuando estaba enferma, y llevado a la cama cuando estaba cansada, pero Michelle nunca había presentado sus respetos a aquella abuela que había sido una continua bendición para toda la familia.

Humildemente, Michelle se inclinó hacia la tumba de su abuela, leyó aquellas palabras grabadas, ennegrecidas, y se dio cuenta de que su *yahrtzeit* (el aniversario de defunción) era el día siguiente, la segunda noche de *Janucá* (la fiesta de las luces). Siguió sintiéndose avergonzada de no haber ido nunca a ver la tumba de su abuela. ¡Y qué extraño era que Ruth las hubiera reunido finalmente!

Camino a casa, Michelle llamó a sus hijos para decirles que ya regresaba.

—¡Hola, mama! —dijo uno de los pequeños—, Deenie y yo fuimos a casa de la abuela (la madre de Michelle) porque tú no estabas y yo me había olvidado la llave. La abuela nos ha dado donuts cubiertos de azúcar y hemos ayudado al abuelo a preparar su *Menorá* (candelabro). Nos ha dicho que si vamos a encender las velas nos dará el dinero de la *Janucá*, y la abuela dice que nos hará crepes de patatas. Mamá, por favor, ¿nos dejas ir a casa de la abuela?

La protección que un día la abuela de Michelle dio a sus nietos la ejercían ahora los padres de Michelle. Y ella sabía que esa protección no les faltaría nunca, sentía que duraría eternamente.

Había sucedido lo que su abuela acostumbraba a decir: «A mensch tracht, un G-tlacht», un viejo proverbio *yiddish:* «El hombre propone y Dios dispone». No importa lo que planeemos, la providencia divina es la que lo dispone todo. Michelle no había pensado nunca en visitar la tumba de su abuela, ¿cómo es que ella fue la única persona que encontró aquel aparcamiento y por qué se había pinchado la rueda del coche justo en aquel lugar? Michelle sospechó que la ayuda le vino de su amada abuela, quien la estaba animando a que la visitara.

FAIGIE HEIMAN

El encuentro

*U*n día luminoso, un joven caminaba con brío hacia su cafetería favorita. A los dieciocho años, tenía sitios donde ir y amigos con quien quedar. La cafetería, que estaba en el centro de Jerusalén, era un punto de encuentro y él se había convertido en un cliente habitual. De repente, una señora menuda y regordeta, se plantó frente a él interceptándole el paso.

—¿Cómo te llamas? –le preguntó la mujer sin venir a cuento.

—Me llamo Loulou –contestó el muchacho, bruscamente, pensando que la mujer debía de estar un tanto desquiciada.

Ella inclinó la cabeza sin moverse de su sitio.

—No, ¿cuál es tu verdadero nombre?

—La gente, desde que yo recuerdo, siempre me ha llamado Loulou.

Aquella fornida mujer empezó a enojarse.

—¡Pero ése no es tu verdadero nombre!

—Escuche, señora, tengo que irme.

Pero la mujer no le dejaba pasar.

«¿Qué querrá esta loca de mí? –pensó Loulou–. No la conozco de nada, y no sé por qué entre tanta gente me ha elegido a mí. ¿Por qué no se habrá fijado en otra persona? Qué mujer tan pesada». Buscó un camino para escabullirse sin tocarla, pero no encontró manera de esquivar aquella barrera humana sin contacto físico. La señora seguía mirándole expectante, como esperando aún la respuesta correcta a su pregunta:

—¿Cuál es tu verdadero nombre? –volvió a decir.

Decepcionada por los intentos que hacía el joven de esquivarla, la extraña mujer esperaba impaciente. Con un rápido movimiento ¡le tiró un puñado de arena a la cara!

Aquello le pilló totalmente desprevenido. Pasaron unos minutos hasta que el joven pudo limpiarse la arena de los ojos y recobrarse del impacto. Cuando lo hizo, la mujer ya había desaparecido.

«La gente así debería estar encerrada», pensó enfadado Loulou. Parecía que nadie más había visto aquel extraño incidente. Los peatones que por allí circulaban se dirigían rápidamente a sus destinos y nadie se detuvo a ofrecerle ayuda o consuelo. Parecía que todo el mundo permanecía ajeno a su impresión y perplejidad, como si él fuera el único en todo el universo que supiera lo ocurrido. Aquélla había sido una experiencia extrañísima y estaba realmente impresionado. Loulou estaba a punto de reiniciar su camino y seguir la calle principal para unirse a la gente «normal», cuando de repente todo el barrio se estremeció y vibró a consecuencia del impacto de una terrible explosión. Provenía precisamente del lugar hacia donde él se encaminaba. Preguntó a la gente que, aterrorizada, pasaba corriendo junto a él. Le dijeron que había habido un atentado terrorista en su cafetería favorita. Temblando, Loulou llegó al teléfono más cercano y llamó a su madre.

Tras asegurarle por quinta vez que estaba a salvo y sin un solo rasguño, pudo convencerla de que se encontraba bien y ésta suspiró aliviada.

—¡Gracias a Dios que estás vivo, Loulou!

—Pues –dijo Loulou– estaría ciertamente muerto o mal herido de no haber sido por una mujer totalmente loca que me salió al paso. Yo iba al café, pero me detuvo para preguntarme cuál era mi verdadero nombre y no me dejaba pasar. ¡Pero si hasta me echó arena a los ojos!

—Pero ¿quién era? ¿No te dijo quién era?

—No se lo pregunté, no me interesó; pero de no haberme entretenido yo habría estado en la cafetería en el momento en que explotó la bomba.

—¿Y cómo era? –quiso saber la madre.

—Pues, se la veía mayor… parecía haber salido de un libro de historia. Tenía los ojos azules y una mirada penetrante.

Agobiado por tantas preguntas, finalmente Loulou describió detalladamente a la mujer que le había cortado el paso. Al ir entrando en detalles, su madre empezó a gritar y a llorar a un tiempo.

—Mamá ¿por qué lloras? ¿Estás bien?

Y, entre lágrimas, su madre le dijo:

—La mujer que me has descrito, la que te impidió el paso, coincide físicamente con mi madre, es decir, con tu abuela. Murió cuando eras un niño, y yo no guardaba fotografías de ella para enseñarte, de modo que tú no sabes el aspecto que tenía. Pero desde luego era ella. ¡Se te apareció en el momento oportuno para salvarte la vida!

LILIANE RITCHIE

Las plegarias de una extraña

Sherry Lane circulaba por la carretera hacia su oficina, que estaba en el centro de la ciudad. Era una ruta conocida, flanqueada de colinas con pinos y, como era habitual, estaba llena de coches con conductores ansiosos por llegar a tiempo al trabajo. Sin embargo, aquel día la caravana era enorme, a pesar de ser hora punta, y podía asegurar que algo raro había pasado. Al aminorar la marcha a causa del tráfico, Sherry pudo finalmente ver la causa de aquella demora. Un coche se había estrellado y estaba rodeado por una multitud de curiosos bienintencionados que intentaban prestar ayuda. Entonces la vio: una mujer inconsciente en el suelo, sangrando. La escena era desgarradora. ¿Quién sería? ¿Tendría familia? Sherry empezó a rezar por ella. Pidió que se curara, que se recuperara por completo.

Unos meses después del accidente, Sherry recibió una inesperada llamada telefónica:

—¿Es usted Sherry Lane? –preguntó una voz femenina.

—Sí, ¿en qué puedo ayudarle?

—Usted no me conoce aún, pero ¿puedo hacerle una pregunta?

—¿Por qué no?, si puedo ayudarle…

—¿Es posible que recuerde haber presenciado un accidente de tráfico en la autopista, hace algunos meses?

—¿Un accidente? –Había pasado un tiempo, de modo que a Sherry le costó un poco evocar la escena–. Ahora recuerdo… había una mujer en el suelo. Lo lamenté muchísimo. Pero ¿por qué lo pregunta?

—Aquella mujer soy yo.

El alivio que sintió Sherry fue del todo sincero.

—¡Cómo me alegro, gracias a Dios que está usted viva!

Pero la siguiente pregunta fue aún más sorprendente.

—¿Puedo preguntarle algo más? –dijo–. Mientras conducía, en aquel momento, ¿rezó por mí y pidió que me curara, que me recuperara por completo?

—Sí, eso fue exactamente lo que hice.

Sorprendida por la cuestión, Sherry empezó a preguntar a su vez:

—No entiendo nada, dígame ¿cómo es posible que usted sepa eso? ¿Y cómo es que tiene mi número de teléfono?

—Ahora se lo explicaré –dijo la mujer–, no voy a entrar en detalles acerca de lo que ocurrió antes de aquel terrible accidente, pero sí le diré lo que sucedió después. Me vi a mí misma flotando unos metros por encima de la escena del accidente, sin saber cómo ni por qué estaba yo allí. Vi mi coche destrozado y a una mujer que yacía en el suelo. Pasó un tiempo hasta que me di cuenta de que aquella mujer era yo. No sentía ningún dolor, tan sólo un sentimiento de paz inmenso. Supe que había muerto. Sentí una fuerza invisible pero muy poderosa que me empujaba hacia arriba, y me dispuse a seguirla, pero allí abajo algo atrajo mi atención: unos destellos que surgían de un coche iban envolviendo lentamente mi cuerpo. Vi también claramente la matrícula del coche, tan claro como si fuera una señal de tráfico. Aquellos destellos eran bellísimos, fascinantes, parecían tener alma, estar vivos. Tomaron la forma de unas letras luminosas, llameantes. Subían, revoloteaban y danzaban. Descendí para ver de dónde provenían, vi que llegaban de aquel coche que conducía una mujer y escuché las palabras «que se cure y recupere por completo». La luz de aquellas letras subió hasta el cielo, después volvió a descender y me envolvió de dicha y confort. No recuerdo lo que sucedió después.

»Cuando recuperé el conocimiento me encontraba en el hospital. El médico me dijo que estaba muy sorprendido de que hubiera sobrevivido a aquel accidente. Tardé meses en recuperarme. Mi experiencia con aquella luz fue tan intensa que aún la recuerdo con detalle. Recuerdo verme envuelta con la luz que me devolvió a mi cuerpo físico. Y recuerdo que fue esa luz la que aceleró mi recuperación. También recuerdo el número de matrícula de su coche. Eso, con algunos contactos, me ha permitido localizar su número de teléfono. ¡Y aquí estoy, llamándole para darle las gracias por haberme salvado la vida!

Sherry sintió cierto temor. Le costó un poco asimilar aquella historia. «¿Sólo por unas cuantas palabras, por una oración?», pensó.

Nunca había reflexionado sobre lo poderosa que puede ser una plegaria. «Es una historia difícil de creer, pero ¿cómo pudo saber aquella mujer mi número de matrícula?», se preguntó.

La creencia de Sherry en el poder de la oración se multiplicó.

LILIANE RITCHIE

El gato fiel

Se trata de un tópico más, de una de esas frases manidas que usamos sin pensar demasiado en lo que realmente significan. «Siete vidas tiene un gato», decimos con una sonrisa, displicentemente, cuando, por ejemplo, un valeroso felino es rescatado de un árbol por un grupo de sudorosos bomberos, o cuando está a punto de ser atropellado por un coche, pero en el último momento se levanta muy digno, ajeno a los gritos de un motorista que casi muere allí mismo y que ha quedado bajo las ruedas y en estado de shock. Lo cierto es que los gatos parecen tener una asombrosa habilidad para sobrevivir a todo tipo de peligros, de los cuales se recuperan habitualmente con un bostezo de aburrimiento y un lánguido estiramiento. Y, a decir verdad, se recuperan de esos encontronazos con la muerte con bastante más gracia y finura de la que desplegaría cualquier ser humano.

Pero, dadas las numerosas historias que parecen vincular a los gatos en particular con la conjetura de la reencarnación, quizás deberíamos reconsiderar la frase «Siete vidas tiene un gato» e imbuirla de un nuevo y diferente significado.

La historia de Lucy Méndez es un claro ejemplo. Hacía once años que un extranjero, Dan Perry, que se acababa de casar, había comprado el apartamento vacío que había en su bloque. Viudo a los treinta años, su querida esposa, Chrissie, había fallecido de cáncer un año antes y le había dejado con una buena prole de hijos. Dan Perry estaba intentando recomponer las piezas de su vida. Había conocido a una mujer divorciada y que también tenía hijos de su primer matrimonio, y juntos

81

formaban una familia de ocho miembros. Necesitaban un piso bastante grande en el que alojarse todos, así que se mudaron al edificio donde vivía Lucy Méndez para emprender una nueva vida. Eran totalmente ajenos al hecho de que se habían ido a vivir a un lugar lleno de personas entrometidas y desocupadas que les observaban con lupa.

Las mujeres de aquel edificio eran en su mayoría amas de casa y viudas, de modo que tenían todo el tiempo del mundo para escudriñar sus idas y venidas. Por lo general solían dedicar sus poderes de observación sólo a los seres humanos, pero el día en que el Sr. Perry y familia se mudaron sucedió una cosa extraña. Frente a la puerta principal del edificio apareció de repente un elegante gato blanco con una mancha marrón en la cola que nadie había visto antes en la vecindad. El gato se plantificó allá en medio y así permaneció toda la noche. Había sido una tarde fría y lluviosa, y ninguno de los vecinos tuvo corazón para ahuyentar al gato, así que dejaron que permaneciera allí acurrucado, en el calor de la entrada. «Por la mañana seguro que se habrá ido», pensaron.

Sin embargo, al día siguiente, el gato estaba allí la mar de insolente. Cuando alguien abría la puerta de entrada, el gato se precipitaba al interior, subía las escaleras como un relámpago peludo y blanco, como una flecha, y esperaba en el descansillo hasta que algún vecino inocente abriera la puerta de salida para bajar las escalera en vez de esperar el ascensor. El gato superaba como un bólido al atónito inquilino directo hacia su destino final: la puerta de entrada de la nueva casa del Sr. Perry. Si estuviéramos hablando de un pájaro o incluso de una gallina, podríamos decir que había «anidado» allí, pero como no encontramos una metáfora comparable para el caso de los gatos, lo más adecuado es decir que aquel gato sentó plaza frente al piso del Sr. Perry, allí se plantó y allí erigió su hogar. Todas las mujeres del edificio acordaron que aquello era muy extraño. ¿Tal vez el Sr. Perry había sido el dueño de aquel gato? ¿Lo habría abandonado en la casa anterior?

«¡No!», fue la categórica respuesta con que el Sr. Perry respondió a las preguntas de todo el mundo, insistiendo en que nunca había visto aquel gato. Realmente, El Sr. Perry jamás había tenido un gato ni ningún otro animal, nunca se había detenido a acariciar la piel de ningún especimen seductor, y tampoco se había sentido obligado a ofrecer restos de comida o un bol con leche a ningún bicho callejero. Simplemente, no era de ese tipo de personas. Como no era aficionado a los felinos, el Sr. Perry no sabía de dónde había salido aquel gato, ni por qué había elegido su casa y sólo su casa de entre las cincuenta más que componían el edificio. Seguro que era un misterio, se dijo, aunque no se mostró tan perturbado como las señoras del bloque creían que merecía aquella situación. Si bien no era amante de los animales, el Sr. Perry tenía un temperamento apacible y, cuando intentaba ahuyentar al gato para que abandonara la entrada de su casa, lo hacía de manera tranquila y suave. Pero el gato tenía una personalidad más fuerte que el objetivo humano que se había marcado y no se dejaba disuadir fácilmente.

Y, de manera bien extraña, como el corderito de Mary, el felino empezó a seguir al Sr. Perry a todas partes. El gato iba todo el día detrás de él: a la oficina, al gimnasio, al mercado… Le esperaba pacientemente hasta que reaparecía de vuelta del trabajo o de su ir y venir por las tiendas del barrio. No se apartaba de su lado. No seguía a nadie más del edificio ni tampoco mostraba interés por ningún otro miembro de aquella familia. El gato sólo estaba obsesionado con el Sr. Perry.

—¡Seamos realistas –dijo un día dándose por vencido–, me acosa un gato!

Y sí, también las señoras del edificio acordaron que se trataba de una gata y que perseguía muy vehementemente a Dan Perry, lo cual, de algún modo, dio una importancia extra al misterio que atormentaba a todas ellas.

Que la llegada del misterioso gato coincidiera exactamente con la mudanza al edificio del Sr. Perry y su familia era algo más que sospechoso, así pensaban todas las mujeres del bloque, creían que parecía planeado.

—Quizás se trata de la primera esposa del Sr. Perry, que está comprobando que él está bien y que su nueva mujer lo está tratando bien

—sugirió jocosamente una de las vecinas sin pensar que sus palabras serían tomadas en serio.

Los ojos de las otras mujeres se abrieron de par en par, tanto de incredulidad como de comprensión, y la elevaron al rango de genio.

—¡Claro, se trata de eso! —exclamaron al unísono.

—Es su difunta esposa que ha vuelto para vigilarle.

Nadie dijo «acosarle».

Y enseguida empezaron a llamar Chrissie al gato (sólo entre ellas, pues no deseaban herir los sentimientos del Sr. Perry), ya que Chrissie era el nombre de la difunta, a quien le guardaba una fidelidad de un modo tal que trascendía este mundo.

El Sr. Perry, ajeno a aquel grupo de detectives femeninas del edificio que había resuelto alegremente el enigma del gato que parecía estar unido a él por toda la eternidad, había intentado deshacerse de su perseguidor de diversas maneras, pero ninguna había funcionado.

La gente le sugería que llamara a la protectora de animales, pero él conocía el destino de los animales callejeros: por lo general acababan sacrificados; no podía consentir la muerte de ningún animal, y menos la de un inocente gato cuyo único crimen era estar prendido de él… excesivamente. Intentó también engañarlo con comida que dejaba a kilómetros de casa, pero el gato siempre volvía.

Aunque los vecinos —algunos de los cuales temían a los gatos— cedieron e intentaron también adoptarlo, éste les trataba con sumo desdén. El animal aceptaba cautelosamente la comida que le ofrecían, pero por lo general rehuía a todos, a excepción del Sr. Perry.

Finalmente, el hombre claudicó, tiró la toalla y se dejó cortejar. Acabó con el gato pegado a los talones, dándole de comer regularmente, y cuando tuvo gatitos también se hizo cargo de ellos. Pero el Sr. Perry nunca supo ni tampoco reconoció lo que sus vecinos sabían desde hace años: aquel gato no era un gato enamorado, sino su primera mujer que le perseguía de manera tenaz.

Y así siguió durante once años. Lucy Méndez —la persona que me contó esta historia— se fue a vivir al extranjero y perdió el contacto con el Sr. Perry y sus vecinos, pero nunca olvidó la historia del gato que había fascinado a todo el mundo. Lucy sabe que la esperanza de vida de un gato está en torno a los quince años, pero dada la particular personalidad de ese gato y la misión que parecía tener, ella apuesta por que Chrissie no dejará nuestro reino terrenal hasta que pase bastante tiempo.

ANÓNIMO

Una señal de mi madre

Separada de la familia Perry por el Atlántico, una mujer llamada Lindsey que vivía en un pequeño pueblo de noreste de Inglaterra tuvo un extraño encuentro con un gato, encuentro presenciado por un buen número de atónitos espectadores. Se trata de una experiencia muy diferente a la que explicaba Lucy Méndez, pero a su modo también sugiere que existen elementos en las experiencias humanas que algunos consideran «sobrenaturales» o «místicos», mientras que otros simplemente los catalogan como absolutamente estrafalarios.

En 2005, la madre de Lindsey —tras haber luchado valientemente durante cuatro años contra un cáncer— sucumbió a la enfermedad que había hecho estragos en su cuerpo. Antes de caer en una extrema fragilidad, la madre de Lindsey solía dar unos largos y reconfortantes paseos con su hija en los que ambas discutían abiertamente sobre el Más Allá y sobre lo que imaginaban que sucedía una vez se ha fallecido. Cuando murió su madre, a los sesenta y nueve años, Lindsey —si bien llevaba un tiempo emocionalmente preparada para ello— se sintió incapaz de sobrellevarlo. El día del funeral, rogó a su difunta madre: «Por favor, deja que te vea una vez más, o al menos envíame una señal de que estás bien». La madre de Lindsey había sido siempre una persona complaciente, así que esperaba que atendiera su petición.

Cuando vio por primera vez aquel gato de pelo rojizo (su madre era pelirroja) frente a la iglesia, en medio del gran número de personas que habían acudido al funeral, por lo que se vio obligada a frenar el coche, no vio en él nada que pareciera transmitir un mensaje. Era sencillamente un gato callejero que por error había ido a parar en medio de la multitud que se congregaba fuera de la iglesia a la espera de que comenzara el servicio religioso. Ni ella ni nadie volvió a pensar en él.

Cuando entró en la iglesia y el gato le siguió diligentemente religioso, empezaron los rumores. Los amigos intentaron sacar al gato de la iglesia, pero éste permaneció allí tercamente. Después deambuló tranquilamente por los pasillos mirando a derecha e izquierda, como si estuviera comprobando quién estaba sentado en cada hilera. Finalmente, llegó a la cortina tras la cual se encontraba el féretro de la madre de Lindsay e intentó saltar encima de él, pero se cayó. (Esta parte de la historia la supo Lindsey por las personas que estaban custodiando el féretro).

—Cuando el párroco comenzó a cantar la última plegaria –recuerda Lindsey–, el gato empezó a llorar, maullando como un loco. A todo el mundo se le puso la piel de gallina. El gato no callaba. Las personas que estaban junto a la cortina intentaron cazarlo, y finalmente lo sacaron de allí por la puerta trasera. En vez de hablar de mi difunta madre, todo el mundo hablaba del extraño comportamiento de aquel gato.

»Tras conseguir sacar el gato por la puerta trasera, pensamos que finalmente nos habíamos librado de él, pero cuando salimos de la iglesia y nos acercamos al crematorio, el cual se encontraba en la misma planta, allí estaba el gato, esperándonos en la puerta de entrada. Intentamos ignorarlo mientras contemplábamos las flores que la gente había enviado y que adornaban la pequeña capilla, pero el animal se dirigió hacia nosotros y empezó a restregarse contra las piernas de mi padre y a alzarse buscando las manos de éste. Los gatos callejeros no acostumbran a ser tan amigables… o familiares. No sabíamos qué hacer. Al día siguiente, cuando regresamos al crematorio para recoger la urna de mi madre, los empleados del cementerio nos dijeron que el gato seguía allí todavía, y allí permaneció hasta que enterramos las cenizas de mi madre en el cementerio de la iglesia. Después, el gato desapareció y nunca lo volvimos a ver.

»Todo aquello fue tan extraño que todos los allí presentes estuvieron semanas hablando de ello.

»Yo le había pedido a mi madre que cuando muriera nos enviara una señal para indicarme que aún estaba entre nosotros, y ahora, desde la perspectiva del tiempo, creo firmemente que aquélla fue la señal».

LINDSEY CRESSWELL, *tal y como lo explicó a las autoras*

El regalo de boda del abuelo

*C*uando mis padres se divorciaron y mi padre se fue a vivir fuera, me convertí en una niña muy insegura y preocupada, pues yo sabía que mi padre era el sostén de la familia, no mi madre. Pero ésta, sin embargo, cambió de papel de inmediato: pasó de ser una ama de casa a un motor incansable que simultaneaba varios trabajos para asegurarse de que a su única hija no le faltara un techo y que estuviera bien vestida y bien alimentada. Estaba resuelta a que no me faltara de nada. A esa seguridad se añadía la de mis abuelos paternos, que contribuían emocional y económicamente a mi sustento. Dado que vivían a tan sólo unos metros de nuestra casa, en mi juventud traté mucho con mis abuelos, ellos me proporcionaban dosis extras de amor y un pelín de dinero.

Mi madre estaba muy agradecida a sus suegros, y cuando mi abuela murió, en su memoria devolvió su gentileza a mi abuelo. Como él rechazó contratar a alguien que le ayudara, mi madre empezó a hacerlo: cocinaba, iba a los recados y le preparaba su medicación en un pastillero con los diferentes fármacos para que no pudiera confundirse.

También le preparaba las inyecciones de insulina y le llevaba a las citas médicas y allí donde necesitara ir. En resumen, le hacía de chófer, enfermera, cocinera, gobernanta y de hija sustituta. Comprobaba continuamente que estuviera bien, y yo también lo hacía. Después del colegio, pasaba siempre por su casa a saludarle y me quedaba con él para que no se sintiera solo. Después de todos los años en que mi abuelo había ayudado a mi madre a sentirse menos sola, ahora la relación se había vuelto recíproca.

Mi querido abuelo murió dos días antes de que yo me comprometiera con un joven maravilloso que era huérfano. Mi prometido, persona sensible, sabía lo que era sentirse privado de la figura paterna, también había pasado por algunas de las traumáticas experiencias que yo había vivido. Parecía una boda prevista desde el cielo, pero sólo había un problema: ninguno de los dos tenía dinero para organizar ni siquiera una modesta boda. Volví a sentirme como una muchachita insegura y preocupada, pero mi madre empezó a preparar la boda contra viento y marea: apalabró una sala de celebraciones, contrató un banquete, reservó una banda de músicos y encargó flores; pero no pagó nada, tan sólo entregó un pequeño depósito para cada uno de aquellos servicios. Por la noche, yo le daba vueltas al asunto preguntándome cómo pagaríamos todo aquello.

—No te preocupes –decía mi madre–, Dios proveerá.

Una semana antes de la boda, no habían caído billetes del cielo, no habíamos tenido suerte con la lotería y ningún misterioso benefactor había llamado a nuestra puerta. Mi nivel de ansiedad se incrementó, pero una noche tuve un extraño sueño que disipó algunos de mis temores.

En el suelo, yo estaba sentada en la sala de estar, que en la vida real tenía una gran lámpara de cristal con candelabros. Al encenderla, la habitación se llenó de luz, mientras los cristales de la lámpara reflejaban unos destellos que danzaban en el suelo y creaban asombrosas formas. Parecía una discoteca.

Dado que las bombillas eran muy caras y había que cambiarlas constantemente, mi madre apenas usaba aquella lámpara, me prohibía encenderla y prefería utilizar las lámparas de mesa. Vivíamos con frugalidad, pero en el sueño la lámpara estaba encendida y una luz celestial iluminaba toda la sala.

Yo estaba sentada en un sillón, engalanada con mi vestido de boda, cuando mi abuelo se materializó frente a mí, con el mismo aspecto que tenía antes de morir. Llevaba el jersey gris de cuello en pico que siempre le gustaba ponerse y una gorra pasada de moda que cuando yo era pequeña era muy popular entre los taxistas de Montreal, el lugar donde crecí. Como empedernido fumador que fue toda su vida, mi abuelo apestaba a humo. Me alargó una mano y bailamos, mi vestido blanco y su larga voluta de humo, sobre el suelo de madera. Después se inclinó para besarme y me susurró que no me preocupara, que él tenía dinero para la boda. Me entregó un sobre que contenía diez mil dólares en efectivo. Luego desapareció y yo me desperté en mi cama, temblando.

A mi madre no le dije nada del sueño, pues no quería crearle expectativas ni falsas esperanzas. Y en cuanto a mí, decidí que aquel sueño era simplemente eso: un sueño, el resultado de un poco de pensamiento mágico, una fe pertinente, o el anhelo de contar con la presencia de mi abuelo, y todo sublimado en una fantasía nocturna.

Pero mientras tanto el tiempo iba pasando, y ni mi madre ni yo sabíamos cómo afrontar las sumas que al final de la boda teníamos que pagar al restaurante, a los músicos, al florista y al salón de celebraciones.

Un día antes de mi boda, mi tío, hermano de mi padre, llamó a mi madre para decirle que, según la última voluntad de mi abuelo, había un dinero reservado para pagar los gastos de mi boda, si es que finalmente me casaba. Por qué mi tío esperó hasta el último momento para contarle a mi madre lo del dinero que mi abuelo me había dejado es un misterio que, hoy por hoy, sigue sin resolver. Mi madre estaba totalmente perpleja por este repentino cambio de acontecimientos, no tenía ni idea del propósito de mi abuelo de dejarme aquella herencia. No obstante, le estuvimos muy agradecidas por habernos sacado de aquel apuro… aunque fuera prácticamente en el último momento.

Toda la ansiedad que acumulaba en mi interior desapareció, y llegué a mi gran noche calmada, relajada, serena y muy, muy feliz. No sólo estaba feliz por dejar atrás toda aquella tensión, sino por constatar el hecho de que mi abuelo me había querido mucho y se había asegurado de cuidarme, de llenarme de alegría y de luz, un sentimiento que aún perdura en mí.

¿Que cuál fue la suma que me dejó mi abuelo para mi boda? Exactamente la cantidad que aparecía en mi sueño: diez mil dólares. Y supe que cuando bailaba en mi boda, arrastrando mi vestido blanco por el suelo de madera, él estaba a mi lado, dándome la mano.

ANÓNIMO

El retorno de un hijo

l 21 de marzo de 2001, Arnold, mi tío de ochenta años murió solo en su caravana. Arnold era un judío no practicante que nunca llegó a conocer su propio patrimonio. De modo que no era consciente de la creencia tradicional judía que afirmaba que el cuerpo de un difunto debía ser tratado reverentemente y enterrado lo más pronto posible, no incinerado, por lo que al morir dejó instrucciones para que su cuerpo fuera incinerado. La cremación era mucho menos cara que el entierro tradicional, la tarifa ascendía tan sólo a seiscientos dólares, y él contaba con poco dinero. Me enteré de que su familia más cercana, respetando su último deseo, iba a enviar su cuerpo al crematorio.

Yo me había criado en un entorno familiar ajeno a las tradiciones judías, pero con el tiempo mis derroteros me llevaron a reencontrarme con las tradiciones que mi familia había dejado de lado. La oportunidad que tuve de reencontrar los valores judíos dejó en mí una especial sensibilidad no sólo con respecto a la alta apreciación del alma sino también al cuerpo que quedaba atrás. Si bien comprendía la decisión de la familia de mi tío, me quedé muy trastornada por los planes de la cremación, así que me centré en el objetivo de hacerles cambiar de idea.

Pero mis ruegos no dieron frutos. Mi tía y mis primos pensaban que debían satisfacer las últimas voluntades del tío Arnold aunque se sentían también mal con la idea de prescindir de un entierro judío tradicional. Estaban turbados y consternados.

Decidí entrar en acción. En primer lugar rogué muchísimo a Dios para que no permitiera que aquello sucediera. También, contacté con una organización que concierta estudios bíblicos a favor de las almas extraviadas. Envié a esa misma organización cierta suma de dinero para que realizara una ceremonia bíblica para mi difunto tío, un acto que debía iniciarse un martes, una semana después de su muerte. Más adelante me enteré que ese mismo jueves, Valerie, la hija pequeña de mi tío, había soñado con su padre y éste le había dicho: «Por favor, no dejes que me incineren».

El viernes, a primera hora de la mañana, llamé de nuevo a mis primos para pedirles que el entierro fuera tradicional, que no incineraran a su padre. Recordando el profético sueño de Valerie, finalmente decidieron que harían un entierro judío.

Llamé al rabino local de Las Vegas, donde tenía que realizarse el funeral, y éste me dijo que le era imposible reunir a diez hombres en la capilla a las 13,30 horas, cuando se había previsto que tuviera lugar la ceremonia, pues ésa era la hora más adecuada ya que la mayoría de la gente estaba trabajando. No sabíamos qué hacer.

Tomé el avión para asistir al funeral y mis primos fueron a recogerme. Al salir del aeropuerto, todos estábamos hambrientos, así que convenimos en reunirnos en un restaurante *kosher*. Ya en el restaurante le dije al camarero judío que no contábamos con los diez hombres necesarios para los servicios funerarios. ¡Me quedé de piedra cuando el camarero se ofreció a reunir a unos cuantos amigos para ayudarnos en el funeral!

Y así fue cómo, con muchas plegarias, estudios de la Biblia, las limosnas, un sueño, una intervención divina y la amabilidad de unos desconocidos, mi tío tuvo un auténtico entierro judío oficiado por un respetado rabino local. Todo fue rodado para que el funeral tuviera lugar, pero en el fondo de mi corazón creo que fue la aparición de mi tío en sueños a su hija pequeña lo que decidió todo.

Sin embargo la historia no acabó ahí. Unos meses más tarde, mi familia y yo decidimos pasar las vacaciones de verano en Colorado (vivimos en Arizona y allí los veranos son terribles), un lugar que además de contar con un tiempo magnífico y una belleza extraordinaria tenía el atractivo extra de ser el hogar de mis tres primos, los hijos de mi tío Arnold, a quien habíamos enterrado unos meses antes.

La mañana de nuestra partida, justo cuando mi marido acababa de cargar la furgoneta para emprender nuestro viaje de catorce horas, algo me hizo pensar en comprar un test de embarazo. Yo estaba segura de que mi presentimiento era erróneo, después de todo yo ya tenía cuarenta y tres años, mi marido cuarenta y seis, y nuestro hijo más pequeño, cinco. No tenía sentido alguno pensar en ello, pero algo me decía que debía comprobarlo. Decidí en el último momento que tenía que salir de dudas antes de irnos, y un minuto después me quedaba boquiabierta al ver el color brillante del resultado positivo. ¡Dios mío! Me quedé en estado de shock. No sabía qué pensar, dos años antes había tenido un aborto espontáneo y creíamos que ya se había acabado para nosotros la época de criar hijos.

Oí que mis hijos me gritaban desde fuera:

—¿Nos subimos ya al coche, mamá?

—¡Claro, venga! –les contesté–, enseguida voy, ¡le digo una cosa a papá y emprendemos rápido la marcha hacia Colorado!

Unos minutos más tarde, el sorprendido Charles y yo subimos al coche y condujimos durante catorce horas hasta las Rocosas, meditando sobre la noticia.

—¡Es una bendición! –dijo Charlie, feliz.

Yo, sin embargo, estaba anonadada. Las náuseas, las molestias, el parto, las noches sin dormir… ¿Cómo me las iba a arreglar? ¿Iría todo bien? ¿Estaría bien el bebé? Tuve miedo.

Después, empecé a hacer cálculos y me di cuenta de que saldría de cuentas más o menos dos semanas antes del primer aniversario de la muerte del tío Arnold. «¡Uf!», pensé. Recordé que tan sólo unos meses antes mi tía Myra me dio un tierno abrazo durante el funeral de su marido y me susurró al oído: «Dios te compensará por tu amabilidad». ¿Sería esto? ¿Estaría en cierto modo el alma de nuestro bebé conectada con el tío Arnold? ¿Estaría viendo cómo hacíamos ese viaje para reunirnos con sus hijas en Colorado? No les había dicho a mis primas ni a su madre que fui yo quien se hizo cargo de los gastos del funeral del tío Arnold. Les dije que fue una organización judía la que pagó la factura, de hecho fue así, esa sociedad lo adelantó, pero yo fui devolviéndoles el dinero después poco a poco. ¿Habría el tío Arnold hecho desde el cielo algo por mí en agradecimiento?

A mi edad, a unas semanas de cumplir los cuarenta y cuatro, estaba un tanto angustiada por mi embarazo, de modo que cuando me hicieron una ecografía y me dijeron que era un niño sano, lloré de alegría. Desde la sala de pruebas radiológicas llamé a mis tres primas. No podía creer que no era más que una coincidencia el hecho de que mi bebé fuera a nacer justo al año de la muerte de mi tío Arnold. En el judaísmo hay un concepto llamado «medida por medida». Pensé que el alma de nuestro bebé estaba muy vinculada a mi difunto tío. Mis primas y mi tía Myra se alegraron muchísimo con la noticia.

Antes del nacimiento de nuestro hijo, yo había preparado un plan. Dios, sin embargo, tenía su propio plan.

Como ya había pasado cuatro veces por ello, visualicé que este parto sería rápido y sencillo. No me pondrían ningún fármaco, ninguna vía intravenosa, tampoco monitores, y sería un parto estupendo. Rezaría durante el parto por mis amigos y mi familia, y la presencia de Dios me asistiría. Me imaginé todo, pero, claro está, nada fue según el guión que yo había concebido.

Once días después de la fecha prevista, un miércoles por la tarde, el bebé seguía sin llegar. Mi ginecóloga me dijo que si el niño no nacía por sus propios medios al día siguiente induciría el parto. Estaba entrando en la semana cuarenta y dos del embarazo. La inducción del parto no formaba parte de mis planes, estaba muy preocupada.

A las 19,40 del siguiente día me llamaron del hospital para que fuera hacia allí. Una hora después, con luna llena, llegamos al hospital. No estaba de parto, así que aquel ingreso me parecía un poco raro.

Poco después de llegar, una enfermera vino a examinarme. Sus planes eran llevar a cabo la inducción del parto, dejar que durmiera y empezar el parto el viernes por la mañana. Sin embargo, el bebé tenía tan poco interés en ese plan como en el mío. Cuando las enfermeras estaban preparadas para iniciar el proceso, el niño ya había tomado la iniciativa de llevar las cosas a su modo. Empecé a tener contracciones.

El parto fue largo y penoso. Finalmente, a las 14 horas nació nuestro precioso bebé. ¡Exactamente al año de la muerte del tío Arnold! *Mazel tov!* (¡Suerte!).

Desde el principio, todos tuvimos claro que nuestro hijo se llamaría Arnold. Sin embargo, nadie sabía si aquel nombre era hebreo o si alguien hebreo lo había llevado alguna vez, de lo que no había duda era de que deseábamos honrar la memoria del tío Arnold, de modo que elegimos para nuestro hijo un nombre que empezara con A: Azriel, que significa «Dios es mi ayuda». Desde que mi marido y yo empezamos este viaje de retorno a nuestras raíces, hemos sabido que Dios siempre está con nosotros, ayudándonos a cada paso del camino.

Queremos agradecerle a Dios el regalo de este hijo a una edad tardía, y enviar una señal especial a nuestro tío Arnold, quien claramente nos echó una mano en todo esto.

ROBIN DAVINA MEYERSON

Las invitaciones de boda

Las abuelas cuidan mucho los detalles. Cabe pensar que si se deciden a emprender el largo viaje desde el Más Allá hasta aquí es por una muy buena razón. Guerras, hambrunas, incendios, enfermedades, apocalipsis… todo ello son buenas razones para bajar a la Tierra, ¿verdad? Para advertir a los seres queridos de que huyan, de que apaguen un fuego, que salgan de la casa corriendo, que cuiden mejor de los suyos ¡Por el amor de Dios!, por cosas así, ¿verdad?

¡Pues no! Al menos en el caso de Karen Jordan no había ninguna razón transcendental para que su amada abuela se le apareciera en sueños. Al menos no desde su punto de vista, claro, que su abuela era tremendamente detallista, y Karen no lo era nada.

El incidente sucedió hace muchos años, pero fue una experiencia tan real, tan nítida, que Karen no la olvidó jamás. Iba a casarse en mayo de 1979, y un mes antes estaba metida de lleno en los últimos preparativos, incluidas las invitaciones para la boda que había dejado para el último momento.

Karen se quedó una noche hasta bien tarde escribiendo las direcciones y metiendo las invitaciones en los sobres. Cuando acabó de hacerlo, cerró los sobres y se fue a dormir con un suspiro de satisfacción por el trabajo hecho. Pero su amada abuela, Bubbe Devorah Leah, que había muerto hacía algunos años, examinó el trabajo de Karen y no quedó nada satisfecha. Aquella noche se le presentó en sueños para darle un ligero codazo. En el sueño, la abuela miraba una invitación muy de cerca, palabra por palabra, y luego preguntó a Karen con su característico y cantarín *yiddish:*

—Centro judío Forest Park, ¿dónde está eso?

Karen se despertó muy decepcionada. Ya que su abuelita se había molestado en hacer aquel largo viaje desde el otro mundo ¿no podía al menos haberle felicitado, bendecido o dado algún consejo matrimonial? Pues no, en vez de eso, lo único en lo que se interesó fue en saber dónde estaba el Centro judío de Forest Park. ¿Qué clase de sueño era aquél? Era una pregunta rara. ¿Tendría algún significado?

Se quedó mirando todos aquellos sobres ya preparados en cajas y de repente se dio un golpe en la frente.

—¡Qué idiota! –se dijo–. Me he olvidado de meter en los sobres la tarjetita con la dirección del salón de bodas!

La empresa que organizaba el banquete le había llevado las tarjetas, que eran estándar, pero Karen se había descuidado de introducirlas en las invitaciones.

Abrió todos los sobres, metió las tarjetas con la dirección y los volvió a cerrar.

¡Qué suerte que su abuelita se le apareciera en sueños antes de que Karen llevara todas las invitaciones a la oficina de correos!

KAREN M. JORDAN, *tal como se lo contó a las autoras*

El testigo

Bastante antes de que la *Lista de Schlinder* inspirara a Spielberg a embarcarse en el gran proyecto de filmar para la posteridad el testimonio de los supervivientes del Holocausto, una historiadora norteamericana había tomado una iniciativa similar, si bien mucho más humilde. Los supervivientes acudían a raudales a las viejas oficinas en las que ella trabajaba pues les había llegado el rumor de que la historiadora buscaba testigos. Puesto que la mayor parte de su trabajo se desarrolló a mediados de los años ochenta, cuatro décadas después de la Segunda Guerra Mundial, la mayoría de las personas a las que la historiadora filmaba superaban la mediana edad. De modo que se quedó sorprendida el día en que llegó a su despacho una mujer joven, de poco más de veinte años, y le dijo que había acudido a «dar su testimonio».

—No te lo vas a creer –le dijo la recepcionista tras llamar a la puerta del despacho.

—¿Qué sucede? –preguntó la historiadora.

—Hay una chica joven en recepción que dice que viene a dar testimonio como superviviente del Holocausto.

La historiadora se enfrentó a la muchacha en la sala de espera.

—¿Se trata de una broma?

—Mire, ya sé que parece imposible –dijo la chica–, pero cada noche tengo unas pesadillas terribles en las que formo parte del Holocausto. Todo es muy nítido, muy real. Vivo esos recuerdos como si fueran auténticos. Mis noches son una verdadera tortura, no puedo descansar, y pienso que acudiendo a usted quizás pueda exorcizar esos demonios.

—¿Eres judía?

—No, soy católica, e italiana.

—¿Vives en un barrio judío?

—No, vivo en un barrio italiano muy católico

—Entonces, ¿tienes amigos judíos, o compañeros de clase? ¿Has realizado estudios judíos en la universidad?

—No, no, qué va –contestó la muchacha.

—¿Has leído literatura sobre el Holocausto o has visto películas acerca de él?

—No, no.

—¿Cuántos años tienes?

—Veinte.

—Pues esto no tiene ningún sentido –dijo la historiadora, escéptica pero al mismo tiempo intrigada–, pero pasa a la sala, de todos modos te filmaré.

Pensaba que la muchacha intentaba embaucarla, pero tampoco esa idea le cuadraba. Sin embargo, la erudita era muy inquisitiva por naturaleza y sentía curiosidad por oír lo que aquella muchacha le iba a decir. Por mucho que insistía en que nunca había leído ningún libro sobre el tema, ni realizado ningún curso, la chica tenía mucha información sobre las circunstancias que habían determinado la guerra. Sorprendentemente, no habló de haber estado prisionera en Auschwitz, Buchenwald o Majdanek , el «famoso» campo de donde se había recogido ya mucha información; dijo que había estado confinada en un pequeño y sombrío campo de mujeres del que muy poca gente había oído hablar. Su testimonio –con descripciones muy precisas de la vida diaria en el campo– incluía detalles específicos sobre las personalidades allí internadas, los conflictos que surgían entre los ocupantes de las literas y las amistades que se forjaban; algo que llevó horas y horas.

—Conozco a gente que sobrevivió a ese campo –dijo la historiadora a la muchacha–, les voy a pedir que vean el vídeo que te he filmado.

Esperaba que esas personas desmontaran el testimonio de la chica, pero, en cambio, los supervivientes se quedaron estupefactos.

—¿Cómo sabía todo eso? ¿Cómo sabía lo del aborto de esa mujer…? ¡Nadie había escrito acerca de ello!

Todos los que vieron el testimonio de la muchacha juraron que cada detalle era cierto. ¿De dónde y cómo había obtenido la información?

—Yo misma estaba estupefacta —me dijo la historiadora hace muchos años cuando personalmente le pregunté acerca de «historias extrañas» sobre la reencarnación de víctimas del Holocausto.

Yo, un poco en plan de broma, hacía poco que había asistido a una sesión de regresiones que dirigía un reputado hipnotista; regresé a una vida pasada en la que yo era una mujer prisionera en Sobibór, el terrible campo de exterminio, e incluso supe el nombre que yo tenía en aquel momento. Cuando saqué a relucir aquella historia para preguntarle a la historiadora si había cosas registradas sobre aquel campo, me contó la historia de la joven.

—¿Y por qué no avisaste a la prensa, o lo diste a conocer? —le dije—, ¡la historia es extraordinaria!

—Tienes razón. Pero si hubiera seguido con ella, ya no me hubieran visto como una investigadora, sino como una charlatana. Mi credibilidad se habría ido a pique.

Por ello yo me propuse no dar datos y mantener a la historiadora en el anonimato. Sin embargo nunca olvidé la historia, y veinte años después de oírla por primera vez sigo teniendo una sensación misteriosa cada vez que la recuerdo. La historiadora me dijo que había un libro con todos los nombres de los prisioneros del campo de Sobibór, pero en todos estos años no me he atrevido a consultarlo. ¿Miedo a la decepción? No, en absoluto, simplemente miedo a enfrentarme a una dimensión que pocos comprendemos. ¿Qué haría si el nombre que vino a mí en aquella sesión de regresiones a vidas pasadas apareciera impreso en el libro de Sobibór? Más que asombro sentiría un cierto terror a abrir puertas a unos enigmas que sencillamente no sé si quiero explorar.

Pero mi experiencia sacó a la luz la historia de la investigadora, y durante años la he guardado en mi corazón con cierta responsabilidad. ¿Por qué quiso compartirlo conmigo después de tanto tiempo? ¿O quería morir con el secreto que según parece sólo me contó a mí?

Puesto que ella era una académica, que se debía a la divulgación de la verdad, yo creo que en la última etapa de su vida deseó que otras personas lo supieran, por eso yo lo cuento hoy aquí.

YITTA HALBERSTAM

En el momento preciso

$\mathcal{S}$ teve y yo nos casamos el mes de marzo de 1988. A los pocos meses me quedé embarazada de nuestro primer hijo. Yo estaba rebosante de alegría y emocionada, como toda la familia. Mi primera visita con la ginecóloga la tenía planeada para cuando estuviera de ocho semanas, pero antes de la cita se me presentó en sueños mi difunto abuelo Jerry. En el sueño, estaba junto a mi cama y me decía: «Erin, tienes un embarazo anembriónico, vas a tener un aborto, pero no te preocupes, las cosas finalmente irán bien». Entonces me enseñaba la imagen de una niñita que iba pasando de los brazos de un familiar a otro en el siguiente día de Acción de Gracias. Me desperté presa del pánico. ¿Qué diablos era eso de un embarazo anembriónico? Tenía en casa otro test de embarazo y me lo volví a hacer. Estaba embarazada. Atribuí el sueño a una mala digestión de comida china y seguí con mis cosas, felizmente embarazada.

Dos semanas después, Steve y yo acudimos a la cita de la ginecóloga, quien decidió hacerme una ecografía para determinar el tiempo de gestación y ver si se oía el corazón del bebé. Durante la ecografía la médica nos dijo:

—¡Hum! No creo que estés embarazada del tiempo que dices, veo el saco, pero no veo al bebé. ¿Estás segura de que no estás de cinco semanas en vez de ocho?

Le contesté que estaba segura de las faltas, y recordando las palabras de mi abuelo le pregunté:

—¿Podría ser un embarazo anembriónico?

La doctora me miró y me dijo:

—¡Vaya! ¿Conoces ese término? No se utiliza desde los años cincuenta, ahora le llamamos embarazo molar. Te voy a hacer un par de análisis de sangre para determinar que los niveles de HCG sean correctos.

Le conté el sueño que tuve, en el que se me apareció mi abuelo, y me miró como si estuviera algo pirada. Me hicieron los análisis y me llamó la doctora para decirme los resultados.

—¿Tu abuelo te ha dado también los números de la lotería? Tienes realmente un embarazo anembriónico. Lo siento, vas a tener un aborto.

El embarazo anembriónico, para quien no lo sepa, es un óvulo que es fertilizado y que se queda pegado a la cavidad uterina, se desarrolla únicamente el saco gestacional pero no el embrión en su interior. Suele suceder durante el primer trimestre de gestación antes incluso de que la mujer sepa que está embarazada. Si se hace una prueba de embarazo ésta da positiva, pero el bebé no existe.

La doctora me preguntó si quería que me hicieran un raspado y curetaje (legrado) o si deseaba un aborto natural. Optamos por lo segundo. Al cabo de unas cuantas semanas aborté. No me disgusté demasiado porque mi abuelo me había puesto sobre aviso. Creo ciertamente que la pequeña alma que habíamos decidido engendrar había decidido esperar. No estábamos en muy buenas condiciones financieras y, para ser francos, no estábamos preparados para tener un bebé. Fue una bendición oculta.

Un año después volví a quedarme embarazada y tuve a nuestra primera hija, Emily. Esta vez todo salió bien. Recuerdo que por Acción de Gracias presentamos a nuestra hija a toda la familia, prácticamente podía sentir a mi abuelo sonriendo entre todos nosotros. Tuvo razón en todo.

ERIN PAVLINA

Últimas palabras

Andy Golembiewski había sido considerado toda su vida un bromista redomado y un buen y cariñoso samaritano. Poseía una taberna en un pequeño pueblo de Pensilvania, y era un vecino famoso por gastar bromas a sus clientes pero también por dejarles dinero cuando lo necesitaban. Creía firmemente que prestar ayuda a otro ser humano siempre que fuera necesario era la mejor cosa que un hombre podía hacer.

En vida ayudó mucho a los miembros de su familia y, según éstos creen, trabajó de diferentes maneras para ayudarles también tras su muerte.

A la edad de ochenta y tres años, Andy contrajo un cáncer de próstata, y en el verano de 1997 su enfermedad se agravó enormemente. Una noche del mes de agosto entró en coma y su apenada familia se reunió en torno a él preparados para lo inevitable.

Cuando se había desvanecido toda esperanza de que Andy mejorara, ya llevaba varias horas inconsciente, sus párpados empezaron de repente a agitarse, sus dedos y todo su cuerpo a temblar.

Después, abrió los ojos por completo y un brillo de inteligencia y lucidez en su mirada recorrió toda la habitación. Se recostó en la cama y mirando a los ojos de su nieta dijo alto y claro:

—1… 6… 9… 5.

A continuación, del mismo modo repentino con que se había incorporado, cayó en la cama inconsciente y, unas horas más tarde, murió.

Los familiares no sabían cómo interpretar aquello. Todos estaban de acuerdo en que Andy parecía totalmente lúcido cuando pronunció aquellos cuatro números, pero ¿qué significaban?

Abrigaban la esperanza de que saliera del coma para recibir su amor y su último abrazo. Anhelaban que les dirigiera unas últimas palabras de amor, algunas migajas de sabiduría que pusieran fin a su vida y sirvieran de último legado; pero… ¿números?

¿Qué clase de mensaje era aquél?

—Ésas fueron las últimas palabras que pronunció —contó su nuera—. Nadie podía descifrar el significado de aquella secuencia numérica; no era ninguna fecha de cumpleaños, ningún número de teléfono, dirección o nada parecido.

Las horas que siguieron, los familiares de Andy experimentaron emociones contradictorias: dolor por su muerte y perplejidad por sus últimas palabras. No podían quitarse de la cabeza la impresión de que aquellos números tenían su importancia e intentaron encontrar sentido a aquella comunicación tan cercana a la muerte. ¿Qué podrían significar aquellos números?

Finalmente, su hijo Tony sugirió que al día siguiente jugaran a la Big Four Lottery (gran sorteo de cuatro números). La tarde siguiente celebraron el agridulce premio de 23.500 dólares.

—¡Andy —gritó su viuda cuando cantaron aquellos números—, te preocupas tanto por tu familia que incluso has dejado pagado tu funeral!

Aquel premio resultaba algo irónico, reflexionaba el nieto de Andy, «durante toda su vida, Andy fue contrario al juego y ni una sola vez jugó a la lotería. Cuando iban de vacaciones en familia a lugares en los que había casinos, se adelantaba a las mujeres y les decía: "¡No juguéis a nada!"».

—Era un buen bromista —dijo su nieta—, seguro que allí arriba se está riendo de nosotros por haber apostado sólo un dólar a cada número.

—Era tan bondadoso —dijo otro familiar—, que se sintió obligado a proteger a su familia incluso después de su muerte.

YITTA HALBERSTAM

Decir adiós

No se trataba de los salvajes maullidos de los gatos del patio de detrás, ni el rechinar de las ruedas de los coches que tomaban la curva con demasiada rapidez, y tampoco el viento huracanado que hacía sonar los cubos de basura. No había manera de describir el ruido sobrenatural que sacó a Winnie Alley de un sueño profundo aquella noche de 1978, pero aquel sonido hizo que saliera despedida de la cama y quedara arrodillada en la alfombra que había al lado.

—No recuerdo cómo salté de la cama –dice–, en un momento me encontré sobre la alfombra, temblando de pies a cabeza.

Al apoyar la espalda contra la cama, temblando en la oscuridad, Winnie vio una luz brillante oscilando en la pared que había frente a ella. Dentro de la luz parpadeaba un dibujo extraño, un laberinto de algo parecido a unos colgadores o perchas dispuestos de manera que formaban un diseño específico.

—Después me di cuenta de que al lado de la puerta de mi dormitorio, a escasos pasos, estaba mi viejo amigo Sam vestido con su uniforme de las fuerzas áreas canadienses –recuerda Winnie.

No se detuvo a pensar en el extraño comportamiento de Sam ni en su incongruente visita. Que un amigo ocasional al que no veía hacía mucho tiempo invadiera su casa a esa hora tan inapropiada, y por qué su entrada había sido precedida por aquel extraño ruido y aquellas luces eran cuestiones que no le preocupaban demasiado. Pero, de todos modos, Winnie se enfadó mucho con él.

—Empecé a increparle de malas maneras –recuerda–, ¿qué estás haciendo en mi habitación?, le dije. Mis padres estaban en el piso de abajo, ¿no les había visto? Es más: ¿ellos no le habían visto a él? ¿Qué les dijo? ¿Y qué le dijeron ellos? ¿Cómo le habían permitido que subiera y entrara en mi habitación?

»Mientras yo seguía amonestándole, la imagen de Sam iba desvaneciéndose lentamente. Él no decía nada. Continuó desvaneciéndose en las paredes de la casa hasta desaparecer del todo.

»Me arrepentí enseguida de haber sido tan lenguaraz. No le había dado ninguna oportunidad de hablar, de explicarse. Deseé que regresara, pero la experiencia cesó. La habitación volvió a tener su aspecto normal. Tanto el sonido irreal que me había sacado de mis sueños como aquellas luces extrañas que habían proyectado haces en las paredes se habían esfumado, igual que Sam. La única cosa que podía hacer era volverme a la cama.

Winnie había conocido a Sam en 1971, cuando ambos trabajaban en una base militar de Montreal. A veces, en el trabajo, hacían un descanso junto a sus escritorios o en la entrada del despacho y charlaban durante un rato, en ocasiones era simple cháchara, y otras intercambiaban puntos de vista personales sobre temas serios. Muchas de sus conversaciones eran estimulantes y significativas, y dejaban mella. ¿Por qué había permitido Winnie que aquella amistad se perdiera?

Finalmente, Winnie volvió a su hogar, en Nueva Escocia, y Sam se fue al oeste, a Alberta.

—Perdimos el contacto, pero aún recuerdo los temas sobre los que hablábamos y las historias que nos contábamos, algunas de las cuales llegaron a impresionarme grandemente.

Winnie añadió:

—Me preguntaba qué había sucedido en su vida y por qué se me había aparecido como una visión, pues estaba convencida de que eso fue lo que sucedió aquella fatídica noche. No creí que fuera un sueño, me pareció mucho más real que eso.

A las pocas semanas de aquella asombrosa experiencia nocturna, Winnie decidió visitar su antiguo puesto de trabajo, el lugar donde había conocido a Sam.

—Necesitaba saber qué estaba pasando. Supuse que aún habría alguien de la antigua plantilla, alguien que supiera dónde estaba Sam. Tomé un tren hasta Montreal y cuando llegué a la estación noté que ésta parecía inusualmente tranquila y vacía. Mientras atravesaba la terminal, me quedé atónita al ver una figura familiar que avanzaba hacia mí a grandes zancadas desde la otra punta del vestíbulo, una persona que había sido amiga mía y también de Sam. Ahora, en retrospectiva, parece que aquel encuentro estaba predestinado. Tras expresar nuestra mutua sorpresa frente al divino hado que hizo converger nuestros caminos, decidimos ir a tomar un café.

—Cuando nos sentamos a la barra de la cafetería, mi amigo se giró hacia mí con el rostro serio y me preguntó:

—¿Sabes lo de Sam?

—¿Qué? –dije poniéndome tensa.

—Se suicidó.

—¡No!, ¿Cómo? ¿Dónde? ¿Cuándo? ¿Por qué?

—Mi amigo me contó todos los terrible detalles, y yo mientras sentía que mi corazón se hacía astillas. Deseaba descargar mi pena y compartir con mi amigo lo que me ocurrió aquella noche con Sam, pero fui incapaz de confiarme a él. Estaba muy apesadumbrada, la culpa que me invadía por la manera en que traté a Sam volvía a mí una y otra vez.

»Más tarde, paseé por las calles de Montreal recordando aquel día, todos los hombres con los que me cruzaban me recordaban a Sam. Me costó un tiempo recobrarme.

»Según mi amigo, Sam murió justo antes de su cumpleaños, y según parece su visita tuvo lugar al mismo tiempo. El encuentro en la estación de tren con el amigo en común fue también inesperado e imprevisible, aunque se produjo en el mundo real, mientras que, obviamente, el encuentro con Sam, no. Hasta el día de hoy, treinta y seis años después, sigo sintiendo cercana su presencia. Con frecuencia me pregunto si él sabe lo mucho que he sentido siempre haberle reprendido tan duramente el día en que decidió visitarme y decirme adiós.

WINNIE ALLEY

Simulpatía

*H*oy día todos aceptamos como un hecho el concepto de que la información puede transmitirse digitalmente por medio de aparatos como ordenadores, sistemas GPS y teléfonos inteligentes, una tecnología que habría causado estupefacción en generaciones previas, pero a la mayoría de nosotros aún le cuesta más creer que la información emocional puede transmitirse física o espiritualmente por unos medios que tampoco se llega a comprender. Ciertamente es mucho más la gente que reconoce la realidad de una videoconferencia entre una persona en Japón y otra en Estados Unidos que la que acepta que pueda haber una conexión telepática entre dos individuos de esos mismos países.

El Dr. Bernard Beitman, un respetado psiquiatra, exrector del Departamento de Psiquiatría de la Universidad de Missouri-Columbia, que ha recibido dos premios nacionales por su programa de enseñanza psicoterapéutica, está trabajando actualmente en una importante obra sobre la sincronicidad. Planea asimismo crear un nuevo campo interdisciplinar de «estudio de las coincidencias», y ya cuenta con categorías conceptualizadas de los diferentes tipos de coincidencias que forman parte de la experiencia humana.

La fascinación del Dr. Beitman por las coincidencias proviene de sus propios encuentros con una serie de sucesos ocurridos en el transcurso de su vida. Una de las categorías creadas por él a partir de las coincidencias es la *simulpathity:* la experiencia simultánea vivida en la distancia por dos personas. El Dr. Beitman acuñó este término inspirándose en una experiencia personal y traumática que vivió hace más de cuatro décadas. El suceso ocurrió en 1973, pero le produjo tal impacto que lo recuerda tan nítidamente como en el día en que tuvo lugar; primero por la naturaleza emocional del evento, y segundo porque le ayudó a catalizar su fascinación y a realizar un estudio sobre la sincronicidad.

En aquella época el Dr. Beitman era un joven médico residente que vivía en una señorial casa victoriana de San Francisco, lejos de sus raíces en el este. El día 26 de febrero de 1973, el Dr. Beitman estaba en la cocina de su casa cuando de repente comenzó a asfixiarse.

—Era como si algo se me hubiera quedado atascado en la garganta y no pudiera sacarlo –recuerda–, pero lo más extraño es que no había comido nada. Aun así, me estaba ahogando, no podía detener aquello, sentía que me moría, que no podía sacarme aquello de la garganta. No tenía nada dentro, pero la sensación no cesaba, era como si me fuera a asfixiar. Pasó bastante tiempo hasta que aquellos espasmos desaparecieron, fue una experiencia terrible.

»A la mañana siguiente supe que en Wilmington, Delaware, a las 2 de la madrugada, las 11 de la noche en San Francisco, la hora exacta en que yo me asfixiaba, mi padre se atragantó con su propia sangre y murió.

¿Cómo pudo suceder aquello? El Dr. Beitman había escrito sobre la *simulpathity*, y a lo largo de su carrera había reunido mucha información sobre casos similares –especialmente relacionados con personas gemelas.

—Hay padres que también han experimentado ese fenómeno con sus hijos –comenta el Dr. Beitman.

Uno de los sucesos más antiguos registrados, descubierto por el Dr. Beitman durante su investigación, sucedió en 1863, en Inglaterra, y se halla documentado en el libro *Phantasms of the Living*, de E. Gurney, F.W.H. Myers, and F. Podmore, publicado en 1886: «Un hombre joven asistía a una fiesta con amigos y la noche transcurría de la mejor manera posible. Un poco antes de la medianoche, la anfitriona le pidió que tocara el piano, algo a lo que él era muy aficionado. Mientras sus dedos se deslizaban ágilmente sobre las teclas del piano, el joven empezó a experimentar una sensación indescifrable. Sin razón aparente, se sentía extraordinariamente triste... y se levantó del piano como loco. A la mañana siguiente, recibió un telegrama de su hermana informándole de que su padre había muerto aquella misma noche... exactamente quince minutos antes de la medianoche».

El Dr. Beitman ha recogido cientos de historias similares, todas ellas avalan el concepto del nuevo término por él creado.

—Saber que yo me estaba ahogando en el preciso momento en que mi padre también lo hacía me condujo a una mayor receptibilidad hacia estos sucesos –afirma el psiquiatra–, las personas pueden sentir el mismo dolor que aquellos con quienes tienen una relación cercana, aunque estén físicamente separados de ellos.

Tales conexiones transcienden el tiempo y el espacio y «si bien no sabemos exactamente de qué se trata, el hecho es que suceden», añade el Dr. Beitman.

Dr. Bernard Beitman, *según lo contó a las autoras*

La flecha púrpura

*E*n otoño de 1990, en la maravillosa fiesta de compromiso de mi amiga Tina, conocí a Neil Bishop, a quien reconocí como mi amado, y con quien me casé en octubre de 1992.

Los padres de Neil, Barbara y Jerome Sheftel, se divorciaron cuando él tenía tres años.

Su madre se volvió a casar y Neil se crio con ella y su pareja, su padrastro. Jerome (o Jerry, como todo el mundo le llamaba) nació en 1929 y tras la Segunda Guerra Mundial sirvió en el ejército norteamericano en Japón. Cuando lo conocí, vivía solo y trabajaba de vendedor en una tienda de ropa de cama. Unos siete meses después de que Neil y yo nos casáramos, recibimos una llamada de la oficina del coronel. Jerry se había quitado la vida después de haber sufrido, según parece, una apoplejía muy incapacitante. Fue, obviamente, una noticia terrible. Y aunque Neil y yo sentimos compasión por la decisión de Jerry de no enfrentarse a unas condiciones que consideró insoportables, nos quedamos muy atribulados por el suicidio. Nos preocupaba pensar si en el Más Allá encontraría la paz.

En aquella época Neil trabajaba en la sección de libros de segunda mano de la antigua librería metafísica The Bodhi Treee. Un día, cuando Neil había superado el dolor de la pérdida, fui a visitarle a la tienda y allí di con un libro titulado *Angel Letters* (Cartas de los ángeles), unos relatos de intervenciones angélicas que los lectores del primer libro de la autora, Sophy Burnham, habían enviado a ésta. El libro se titulaba *A Book of Angels* (Un libro de ángeles), el cual yo también había leído y disfrutado.

Compré *Angel Letters,* y las historias que contenía me gustaron tanto que acabé comprando varios ejemplares y enviándoselos a algunos de mis amigos. En la portada del libro que me había comprado para mí me llamó algo la atención, y eso hizo que volviera a examinar el libro detenidamente.

En la página 117, hacia la mitad, vi una delgada flecha de color púrpura, dibujada con sumo cuidado, y un nombre: «Jerome». La flecha señalaba una línea en la página siguiente en la que se leía: «No hay cuidado, eso nunca será demasiado malo para mí».

Esa flecha, la única marca que había en las 140 páginas de aquel libro, nos sirvió a Neil y a mí de misterioso y tranquilizador mensaje.

Las cenizas de Jerome Sheftel están enterradas en el cementerio estatal de Los Ángeles, tal como está establecido para los funerales de los veteranos de guerra, y si bien nunca recibió un Corazón Púrpura,[1] Jerome fue honrado con una flecha púrpura.

CINDY LUBAR BISHOP

---

1. El Corazón Púrpura (en inglés *Purple Heart)* es una condecoración de las Fuerzas Armadas de Estados Unidos con el perfil del general George Washington, otorgada en nombre del presidente a aquellos que han resultado heridos o muertos en servicio después del 5 de abril de 1917. *(N. de la T.).*

Mi abuela, un ángel

S ubí al avión en Los Ángeles con una tremenda inquietud sobre lo que me encontraría en Israel. Mi hija estaba embarazada y a punto de dar a luz de su primer hijo, ¡mi primer nieto! Estaba tan nerviosa y expectante que me costó encontrar mi asiento.

Mi alegría se había ensombrecido un poco a causa de algunas complicaciones que habían surgido en el embarazo de mi hija, pero yo intentaba no pensar en ello y centrarme sólo en pensamientos positivos. Me decía a mí misma que muchas madres primerizas suelen tener complicaciones al principio, pero que después todo acaba bien.

Me costaba convencerme a mí misma de todo ello mientras hacía yo sola aquel largo viaje para reunirme con ella, y deseaba ardientemente tener una compañía que calmara mi inquietud, y no viajar sola.

Al llegar al asiento que me correspondía, me quedé totalmente desconcertada al ver que era el del medio: entre dos judíos ultraortodoxos. ¿Qué iba a pasar en quince horas de vuelo? Aunque yo no era una judía practicante (al menos no en aquel entonces), sabía que aquellos dos hombres se sentirían tremendamente incómodos con una mujer sentada en medio (las leyes religiosas del judaísmo ortodoxo prohíben cualquier tipo de contacto físico entre hombres y mujeres que no sean familiares allegados). Intenté no pensar cómo haría para mantener la cabeza bien erguida mientras dormía, o para evitar inclinarme hacia uno u otro lado. Aquello iba a ser bastante peliagudo.

Soy una persona alegre y extrovertida, así que pensé que la mejor manera de llevar la situación sería enfrentarme a ella abiertamente e intentar romper el hielo. El hombre a mi derecha estaba hundido en un libro judío sagrado, tenía su largo abrigo negro remetido en los lados del asiento, y sus largos *payot* (tirabuzones laterales) se balanceaban suavemente cada vez que movía el libro. ¡Ah!, pensé, serán como una especie de cortina entre los dos, pues deduje que no iba a producirse ningún contacto visual entre nosotros. «Vale –me dije a mí misma–, lo entiendo.» Después, miré a mi izquierda. El otro hombre también llevaba puesto un largo abrigo negro, los *payot* pegados a las orejas y un texto judío en el regazo; parecía como si estuviera sentada entre dos sujetalibros religiosos.

Me sentía fuera de lugar y muy incómoda en aquella situación. No quería ocasionar ninguna molestia, todo aquello era muy violento. Justo cuando intentaba llamar la atención de la azafata para pedirle que me cambiara el asiento, el segundo hombre se volvió hacia mí, me sonrió y me dijo: ¡Buenos días!

«Bien –me dije– esto apunta mejor».

En aquel momento faltaban tres años para que yo volviera al judaísmo ortodoxo *(baal teshuva)*, aún llevaba el cabello teñido de rojo, unos cómodos pantalones, y una blusa con un escote más pronunciado de lo que me hubiera gustado, así que pensé que yo tampoco era la compañera de asiento ideal para aquellos hombres en un vuelo transatlántico.

Contesté a su saludo, le dije cómo me llamaba y educadamente le pregunté su nombre. Me dijo que era el rabino Meir Feldman (he cambiado el nombre para preservar su privacidad). Le dije que mi familia conocía un rabino llamado Shlomo Feldman y que si le conocía, me dijo que sí, que era su padre. Luego, para verificar si era la misma persona, le pregunté si la sinagoga de su padre estaba en Los Ángeles, y me confirmó que, en efecto, estábamos hablando del mismo rabino. (Dado que en Los Ángeles hay 750.000 judíos, aquello era extraordinario).

Le conté que no habíamos vuelto a saber de su padre desde 1975, cuando me casé en Israel y necesité una carta de presentación para el *Beit din* de Israel (tribunal rabínico), dado que yo de hecho era judía.

A medida que la conversación fue resultando amena, él me preguntó cómo fue que conocí a su padre. (¿Se habría dado cuenta de la ropa que llevaba y estaba preguntándose si en su familia paterna había parientes no practicantes?).

Le dije que tras la Segunda Guerra Mundial mi abuela había ayudado al rabino y a toda su familia a llegar a Estados Unidos. Y, aunque ella no tenía dinero para pagar aquel traslado, se encargó personalmente de ir a diversos hogares de Los Ángeles —puerta por puerta— pidiendo ayuda económica. Organizó diversos almuerzos en el patio de su casa y cobraba a los vecinos y amigos una cantidad para poder gozar de sus maravillosos platos, y en general hizo cuanto pudo por reunir dinero para ayudar a esa familia. Le pregunté si conocía a mi abuela, y le dije que se llamaba Rose Fleischman.

El rabino se incorporó y me dijo con una gran sonrisa:

—¿Su abuela era Rose Fleischman? ¡Rose Fleischman era un ángel!

Me quedé estupefacta de que respondiera de una manera tan entusiasta y cálida. Siguió contándome que ella había hecho tanto por su familia que ningún miembro de ella había olvidado nunca su nombre. Allí sentada no pude evitar que las lágrimas inundaran mis ojos. ¿Cómo podía ser que por un asiento asignado al azar yo estuviera sentada junto a una persona que había conocido a mi abuela? Parecía algo totalmente imposible. (Yo no estaba aún familiarizada con el *Hashgacha Pratis,* el concepto de la religión judía de la *divina providencia*). Empecé a sentir que me envolvía una sensación de bienestar, la intranquilidad que me había producido la plaza que me había tocado se había desvanecido por completo, y también el miedo sobre el inminente parto de mi hija que me había amenazado con consumirme durante todo el viaje. Tenía la impresión de que mi abuela, a la que no veía desde que tenía ocho años, permanecía sentada a mi lado.

Estaba tan maravillada por aquella extraordinaria coincidencia que me sentí algo decepcionada cuando la eficiente azafata —que parecía haberse dado cuenta de mi inicial disgusto por tener que sentarme entre aquellos dos hombres— me dijo que había encontrado otra plaza para mí, junto a una mujer. Me despedí del rabino Feldman, le deseé buen viaje y me instalé en mi nueva plaza. Sentí que mi abuela se había trasladado conmigo, la sentía junto a mí, estaba segura, me tranquilizaba diciéndome que todo iba a ir bien, y yo la creía.

Mi nieta, Emuna Sarah nació sin problemas y con buena salud, y también a mi hija le fue bien. Cuando llegó el momento del parto, mi tensión había desaparecido; tras mi experiencia en el vuelo con el rabino Feldman y mi abuela, supe que todo iría bien, como así ocurrió. Y como anexo, un apunte dulce: cinco semanas después, mi hija y su marido organizaron una fiesta maravillosa para celebrar el nacimiento de su hija, una fiesta que coincidió exactamente con el *yahrtzeit* (aniversario de la defunción) de la abuela Rose.

CENA GROSS-ABERGEL, *nieta de Rose Fleischman*

El testamento

*M*uchos sueños sobre parientes difuntos pueden tener grandes repercusiones en las vidas de quienes los experimentan, pueden cambiar poco o mucho sus destinos e incluso salvarles de la muerte, pero son muy pocas las historias que suceden en esos sueños que acaban registradas en documentos legales y en libros de textos jurídicos.

Y eso es precisamente lo que sucedió con un sueño que catalizó un inusual y famoso conflicto legal, el caso Chaffin *versus* Chaffin, el enigma de un caso que fue llevado a la corte en Carolina el año 1925, si bien fue resuelto antes de que el juicio se llevara a cabo.

En 1905, el granjero James L. Chaffin, de Mocksville, Carolina del Norte, hizo un testamento en el que estipuló que todos sus bienes pasaran a su hijo, Marshall Chaffin. En un principio quien no conoce la historia podría contemplar el deseo de James como extraordinariamente generoso, y así sería de no tener en cuenta que otros cuatro miembros de la familia fueron completamente ignorados y dejados de lado por el difunto, a saber: la esposa de Chaffin y sus otros tres hijos, John, James y Abner.

Según los historiadores que recogieron y registraron el caso para la posteridad, entre los miembros de la familia no existía animadversión alguna, todos parecían vivir en paz y armonía. James padre tenía una buena relación con todos y cada uno de ellos, por lo que sus familiares se quedaron desconcertados, por no decir anonadados, ante el hecho de no estar incluidos en el testamento. Posteriormente, algunos vecinos afirmaron que James padre siempre parecía haber tenido predilección por Marshall, mientras otros murmuraban que había sido Susie, la impresionante esposa de Marshall, la que había convencido a su suegro para que dejara todo a su marido.

La escandalosa omisión del testamento dio mucho que hablar y puso en marcha rumores de todo tipo, pero nadie sabía a ciencia cierta qué es lo que había sucedido. El hecho era que el total del testamento era para Marshall, también él fue nombrado el albacea, y que todos los demás quedaban excluidos.

En septiembre de 1921, murió James padre y su fallecimiento desencadenó multitud de chismes. Algunos vecinos (y posteriormente los historiadores) dijeron que había sido un ataque de corazón, mientras que otros mantenían que fueron las heridas resultantes de una gran caída que había sufrido unos meses antes las que le llevaron a los pies de la Parca. Sin embargo, las críticas no se levantaron tanto por su muerte como por sus consecuencias. Marshall obtuvo una copia del testamento unas pocas semanas antes de la muerte de su padre, y ello dejó a su desconsolada madre y a sus tres hermanos indignados, desposeídos y asombrosamente mudos. ¿Estaban abatidos, destrozados, resignados? Nadie sabe por qué, pero no impugnaron el testamento, se doblegaron a los deseos de James con total resignación, y tristemente, Marshall no hizo esfuerzo alguno por compensarles, ni siquiera a su madre, de la pérdida.

Sin embargo, Marshall no vivió lo suficiente para disfrutar del legado de su padre: murió tan sólo un año después y ahora las propiedades estaban en manos de su mujer y de su único hijo.

Pero en el cielo (¿o quizás en el infierno?) no gozaba aparentemente del descanso de la espera o de la muerte. Los que somos imaginativos podemos pensar que, a posteriori, desde la postura estratégica del tiempo y del espacio, James padre se dio cuenta de que había cometido una gran injusticia desheredando a su esposa y a sus otros hijos. Tenía que haber una reparación legal, pero ¿cómo podía él provocar un cambio desde el sitio tan inconveniente en el que estaba ahora?

James padre, a los cuatro años de su muerte, forjó un plan. El verano de 1925 empezó a aparecerse frecuentemente en sueños a su segundo hijo, James Pinkney Chaffin. En esos sueños, James padre permanecía junto a la cama de su hijo con expresión triste e inusitadamente callado (parece ser que cuando estaba vivo era un gran parlanchín). Las visitas fueron exactamente iguales durante varias semanas, hasta que, una noche, el sueño cambió. Esta vez James padre se desabrochó el abrigo y se dirigió por primera vez a su hijo:

—En el bolsillo de mi abrigo encontrarás algo relacionado con mi herencia –le dijo.

Después el rostro del padre se desvaneció y James hijo se quedó temblando, restregándose los ojos y preguntándose si todo aquello no habría sido una alucinación.

Pero al despertarse a la mañana siguiente, James tuvo la convicción de que lo que había sucedido la noche anterior había sido mucho más que un sueño: había sido un mensaje, unas directrices, una llamada de atención. «¡Mi padre estaba intentando decirme que hay un segundo testamento en alguna parte, una herencia que puede invalidar el testamento en que dejaba todo a Marshall y a su familia!», pensó. Animado por la revelación que tuvo, James Pinkney saltó de la cama antes del alba y se dirigió a la casa de su madre en busca de aquel viejo abrigo. Pero no lo encontró, su madre se lo había dado a su hijo pequeño, John, que se había ido a vivir a una granja de otro condado.

¡Nunca antes se habían recorrido treinta kilómetros tan deprisa! Mucho antes del ordeño de las vacas y de la recogida de huevos de las gallinas ya estaba James Pinkney aporreando la puerta de la casa de su hermano. Muy excitado, le contó el sueño de la noche anterior y los dos hermanos se pusieron a registrar toda la granja en busca del abrigo hasta que finalmente lo encontraron.

Al principio, tras un examen superficial de la prenda, no hallaron pista alguna. John empezó a lanzar a su hermano unas miradas dudosas, como diciéndole: «¿Has hecho que me levante por un sueño?». Pero James estaba poseído, seguro de que el sueño quería decir algo, de modo que siguió inspeccionando el abrigo detenidamente, palpando cada centímetro de la prenda, por dentro y por fuera. Entonces se dio cuenta de que el forro del abrigo había sido cortado y vuelto a coser. Efectivamente, en el interior del forro había un trozo de papel enrollado y atado con una cuerda.

Sin embargo, lo que hallaron no era un testamento ni otro tipo de documento. Se trataba de una nota medio destrozada con unas palabras: «Lee en el capítulo 27 del Génesis en la antigua Biblia de mi padre». Lo significativo era que la nota llevaba una prueba inconfundible de que pertenecía a James padre: unos signos característicos, la escritura única que todos conocían como el modo en que firmaba su padre.

James hijo estaba alborozado con su descubrimiento, pero también circunspecto. En el camino de vuelta a la casa de su madre (donde imaginaba que estaría la vieja Biblia de su abuelo), se detuvo a recoger a Thomas Blackwelder, un vecino y viejo amigo famoso por su integridad, y le pidió que le acompañara. James sentía que estaba a las puertas de un momento transcendental y que iba a necesitar a un respetado miembro de la comunidad para que le sirviera de testigo frente a lo que pudiera ocurrir. Blackwelder accedió de inmediato.

En primer lugar, James se sintió decepcionado y desesperado cuando su madre le dijo que, si bien recordaba perfectamente aquella Biblia, había olvidado por completo dónde la había guardado tras la muerte de su padre. James, Blackwelder y la Sra. Chaffin la buscaron detenidamente por toda la casa, habitación por habitación, registrando armarios, aparadores, vitrinas y cajones, rincón por rincón, buscando con tanto nerviosismo que todo quedó manga por hombro. Finalmente, en el fondo de un viejo arcón de la buhardilla encontraron la Biblia, rota y medio destrozada.

James y su madre observaban detenidamente cómo Thomas Blackwelder buscaba el capítulo 27 del Génesis, en el que encontró dos páginas dobladas formando un bolsillo. Sacó cuidadosamente de él un trozo de papel en el que con la reconocible letra de James Chaffin podía leerse:

Tras leer el capítulo 27 del Génesis, yo, James Chaffin, declaro mi última voluntad y testamento. Deseo que, una vez mi cuerpo haya recibido un funeral decente, mis propiedades se repartan equitativamente entre mis cuatro hijos, si están vivos cuando yo muera, que mi propiedad inmobiliaria se divida igualmente en cuatro partes; si no viven, pasará a sus hijos. Hijos, si vuestra madre vive, deberéis cuidar de ella. Ésta es mi última voluntad y mi testamento. Firmado y sellado de propia mano.

JAMES L. CHAFFIN, 16 de enero de 1919.

Si bien hoy día, en Estados Unidos, la mayoría de los estados se requiere la presencia de dos testigos para que un testamento se considere válido, en Carolina del Norte, a principios del siglo XIX no era así, sino que un testamento se consideraba legal siempre que estuviera escrito a mano por el propio testador, lo cual, en el caso de James Chaffin podían confirmar varios testigos que así era. ¿Por qué se refería al capítulo 27 del Génesis? ¿Qué es lo que le había determinado a cambiar el primer testamento?

Ese capítulo del Viejo Testamento narra la historia de una herencia injusta y del mal que había ocasionado. La historia de Jacob recibiendo la bendición de su padre Isaac en vez de Esaú y la eterna consecuencia que produjo que el hijo mayor fuera desheredado, parece que causó una gran conmoción en James. Todos pensaron que debió leer aquella parte de la Biblia entre 1905 –cuando hizo el testamento original que le llevó a dejar todo a Marshall, su tercer hijo–, y 1919 cuando escribió su segunda voluntad en la que decía que todas sus propiedades debían repartirse igualmente entre todos ellos.

Aunque los tres hermanos y la madre habían aceptado el primer testamento –con un gran e inusual decoro, debe decirse–, el descubrimiento de un segundo testamento hizo revertir aquel primer civismo y buen hacer. De inmediato pusieron una demanda contra la viuda de Marshall, a la que ella replicó. Los periódicos locales hicieron su agosto, aquél era uno de los asuntos legales más fascinantes del momento. La persona que había trastocado la validez del testamento original había fallecido ¡y ella misma había escrito el segundo documento!

Escépticos, magos, grafólogos expertos y periodistas irónicos con cierta propensión a las chanzas dieron su opinión personal y su veredicto, y algunos hicieron hincapié en lo jocoso que era que un difunto y un sueño hubieran levantado tanto revuelo.

El juicio Chaffin *versus* Chaffin estaba programado que tuviera lugar en la Corte Superior en diciembre de 1925.

El juzgado estaba repleto de miembros de la prensa, curiosos, amigos y familiares. Tres abogados que representaban a los hermanos y diez testigos que estaban preparados para testificar que la escritura del nuevo testamento era la de James Chaffin se encontraban reunidos en el despacho adjunto. Se constituyó el jurado y luego el tribunal levantó la sesión para ir a comer.

En ese momento alguien pensó en mostrarle a la viuda de Marshall Chaffin el documento actual (por qué nadie había pensado en hacerlo antes siempre será un misterio). Ella de inmediato se mostró conforme con pactar un acuerdo extrajudicial; si bien la conversación tuvo lugar a puerta cerrada, se supone que ella admitió que el segundo testamento había sido escrito sin lugar a dudas por su suegro. Sus abogados retiraron la contrademanda, el jurado fue disuelto, todos los miembros de la familia fueron llamados al gabinete del juez, y a final de la tarde se llegó a un acuerdo amistoso en el que se seguían los términos del segundo testamento.

Después de esto, el sueño de James Chaffin no volvió a ser interrumpido por las visitas nocturnas de su difunto padre (había tenido otra justo una semana antes de que empezara el juicio), que no volvió a aparecérsele nunca en sueños.

YITTA HALBERSTAM

El legado de un padre

Ya hace muchos años que mi madre, Lola, que en paz descanse, me contó la historia de un sueño que tuvo en el que, durante el Holocausto, su difunto padre se le presentó y le salvó la vida. Me gustaría recordar todos los detalles de lo que me contó, mis recuerdos son un poco vagos, pero conservo en la memoria lo más importante.

Estoy convencida de que cuando tuvo aquel sueño mi madre ya sabía que su padre había muerto. Puesto que ella fue liberada del terrible campo de exterminio de Auschwitz, supongo que fue allí donde mataron a su padre. Cuando bajaron del tren que les llevó al campo de concentración, quien recibió a mi madre y a su familia fue el llamado Ángel de la Muerte, el Dr. Josef Mengele, quien no dudó en elegir a sus padres, de mediana edad, para conducirlos a la cámara de gas. Nunca se les volvió a ver.

En aquel momento mi madre era una adolescente, alguien capaz de hacer los trabajos más penosos e interminables con unas raciones miserables de comida, y a eso la destinaron.

Un día, según me contó, decidió que podría sacar alguna ventaja de trabajar en la cocina del campo. Pensaba que trabajando allí podría sacar a hurtadillas un poco de comida para ella y para los miembros de su familia que aún seguían con vida. Tenía dos hermanas que habían llegado con ella a Auschwitz pero que habían muerto a consecuencia de las enfermedades que hacían estragos en los campos de concentración. Una mañana se levantó y se encontró con que su hermana yacía sin vida a su lado. No sé si una de ellas o ambas seguían con vida cuando decidió buscar un «trabajo» en la cocina, una determinación que creía podía salvar otras vidas.

Tampoco sé cómo «solicitó» ese puesto. Recuerdo que en algún momento de su internamiento, se dedicaba a coser o a arreglar los uniformes de los soldados, pero nosotros –los hijos de los supervivientes– nos habíamos autoimpuesto un onceavo mandamiento con respecto a nuestros padres: nunca preguntarles nada acerca de sus experiencias en torno al Holocausto. Teníamos que contentarnos con los retazos de recuerdos que ellos nos ofrecían. Las preguntas para las que no estaban todavía preparados podían desgarrar las costras extremadamente finas que cubrían sus heridas psicológicas y permitir que su dolor saliera a borbotones. El pesar y la angustia enturbiaban la superficie de sus recuerdos, por todo ello lo que yo recuerdo de la historia es un tanto vago.

Mi madre me contó que la noche antes de planear acercarse a los alemanes que estaban al cargo para pedirles si podía trabajar en la cocina, su padre se le apareció en sueños mientras dormitaba sobre la tabla de madera que hacía las veces de cama. Él le advirtió que no lo hiciera.

—Hija mía –le dijo en *yiddish*–, no te acerques a la cocina.

Y aunque estaba realmente hambrienta, aquella advertencia le llegó al corazón.

Al día siguiente o en aquella misma semana, los nazis reunieron a todos los judíos que trabajaban en la cocina y los enviaron a la cámara de gas, quizás porque la sopa del comandante estaba salada. Mi madre fue la única que sobrevivió de su familia más inmediata. A su hermano mayor le habían disparado cuando intentaba salir del gueto. Era rubio y con los ojos azules, por eso intentó pasar como no judío, pero mientras caminaba, un compañero de clase, un polaco, le señaló frente a un soldado nazi. Mi tío, que debía de tener unos veintidós años, recibió un tiro en la espalda.

En el árbol genealógico familiar, mi madre fue la única ramita que volvió a brotar. Al morir, dejó tres hijos que llevaban el nombre de sus padres y de su hermano, y varios nietos, que han crecido en número tras su muerte.

Su padre le salvó la vida y ella honró a sus progenitores con un último legado, creó unas generaciones a las que pasó el legado de sus padres, tanto físico como espiritual. En solitario, «alargó sus días» y se aseguró de que el linaje familiar continuara.

Pero si su padre no se le hubiera aparecido en sueños, todo esto no hubiera sido posible.

CHERYL KUPFER

El cruce de caminos

En la primavera de 1944, el lugarteniente John Carwell se hallaba en Francia cuando recibió la noticia de su esposa, desde Estados Unidos de que había sido padre. El joven lugarteniente estaba entusiasmado con la idea de volver a casa tras la guerra y reunirse con su mujer, Ruth, y su primer hijo. Pero el 19 de febrero de 1945, cerca de Biesdorf, Alemania, el jeep que él conducía pisó una mina y explotó, lo que acabó con la vida de todos los que iban en él. El joven soldado de veintiún años –un maravilloso jugador de baloncesto, que se había ganado el sobrenombre de «Crac», nunca volvió a casa.

Sus padres, que vivían en una pequeña población de Tennessee, recibieron un telegrama con la noticia de que su único hijo había muerto, y aquello les rompió el alma y el corazón. Lo cierto es que durante la Segunda Guerra Mundial muchos amigos, vecinos y familiares de aquella pequeña comunidad recibieron telegramas similares. El dolor se extendía por todas partes. Nadie deseaba hablar de las pérdidas de jóvenes en el condado, o de las terribles experiencias que habían pasado los veteranos sobrevivientes.

La gente permanecía en silencio, intentando desenredar aquella maraña de sentimientos. ¿Qué palabras podrían resumir aquel terrible dolor, aquellas pérdidas? De modo que nadie hablaba demasiado sobre el asunto, la vida seguía adelante.

Ruth Anderton se había convertido en una joven viuda, y cuando en noviembre nació su hijo le puso el nombre de su padre, John C. Anderton, y ella le llamaba Johnny. El dolor de la pérdida le hizo difícil hablar a su hijo de su marido y de cómo murió, era algo que sólo le ocasionaba lágrimas y tristeza, de modo que cuando el niño creció ella evitó hablar del tema. Los abuelos tampoco hablaban de John padre, tan sólo le contaron que fue un soldado y que murió en la guerra. Finalmente, Johnny dejó de preguntar cosas que causaban tanto dolor a su madre y a sus abuelos.

Tras su graduación, Johnny empezó de nuevo a buscar respuestas, por lo que decidió viajar a Luxemburgo e ir a visitar el cementerio de los veteranos norteamericanos donde estaba enterrado su padre. Mientras caminaba por aquellas hileras de cruces le acosaban preguntas que nadie deseaba responder: ¿Cómo murió su padre, qué aspecto tenía, que tipo de persona era? Esas preguntas le acechaban sin parar.

Johnny se hizo mayor, se mudó a una gran ciudad y empezó a estudiar una carrera.

Más tarde, Johnny y yo nos conocimos, nos casamos y tuvimos unos hijos estupendos.

Pero, a pesar de todas esas bendiciones, sentía que le faltaba algo, que había un gran vacío en su corazón. Aún le quedaban preguntas sin responder acerca de su padre.

Ya cerca de la jubilación, Johnny y yo nos trasladamos a la pequeña ciudad en la que él se había criado. Su madre, Ruth, y sus abuelos ya habían fallecido, así como muchos de sus coetáneos. Parecía que ya no quedaba nadie a quien preguntar, nadie que supiera gran cosa sobre John. Pero, aun así, Johnny no perdió la esperanza. Rogaba a Dios constantemente que algunas de sus preguntas tuvieran respuesta y que Dios finalmente le diera paz y consuelo. Después de todos aquellos años, aún deseaba saber cómo había vivido y cómo había muerto su padre. ¿Quién podría hablarle del hombre al que había llamado «papá», pero al que nunca había conocido?

Poco después de nuestro traslado al lugar de nacimiento de Johnny, el Sr. Dickerson —el cual había crecido en Florence, Alabama, pero se había ido a vivir a Nashville para introducirse en el negocio de la restauración—, decidió asimismo retornar a los lugares de su infancia.

136

Puesto que él también se había jubilado decidió, junto a su esposa, empezar a hacer una serie de viajes de un día por el sur de Tennessee y el norte de Alabama, y volver a visitar los lugares de su juventud. Un día, sin tener una idea fija en mente, empezaron a seguir una carretera hasta llegar a un cruce de caminos, donde lanzaron una moneda al aire para decidir qué camino seguir. La moneda decidió, y ellos continuaron, con buenos ánimos y ganas de aventura. No tenían ni la menor idea de a dónde les llevaría aquella carretera.

A la hora de comer pasaron por un pueblo pequeño, Winchester, Tennessee, que no conocían y por el que cruzaron la calle mayor observando con curiosidad los vestigios de aquella pequeña población norteamericana. En el lateral de un edificio vieron un letrero que ponía: «Semillas y alimentos Anderton». Un nombre poco común, por cierto. Bajaron del coche y entraron en aquel edificio para preguntar a los propietarios si los dueños de Semillas y Alimentos Anderton estaban relacionados con un Anderton que había muerto en la guerra, en 1944. El tendero les dijo que no lo sabía y que los propietarios originales habían muerto, pero que en la zona aún vivían varias familias con ese nombre. Dickerson aceptó de buen grado buscar en el listín de teléfonos que le ofreció el tendero y, acto seguido, marcó un número elegido al azar.

—Hola –dijo a modo de presentación–, estoy buscando una información. ¿Es posible que esté usted relacionado con J. C. Anderton, alias «Crac», que sirvió en Francia durante la Segunda Guerra Mundial en la Compañía C del Batallón 15? –preguntó el Sr. Dickerson.

—Sí, señor, era mi padre, pero murió en Alemania en 1945. Murió antes de que yo naciera, no llegué a conocerle, por lo que me temo que no puedo contarle nada de él. Lo siento, no puedo ayudarle –contestó Johnny.

—Bueno, hijo, pues creo que yo podré ayudarte. Veras, «Crac» y yo servimos junto en el ejército, él era mi lugarteniente y una persona muy apreciada por toda la compañía. Yo estaba allí cuando el murió. Era mi mejor amigo. Me gustaría hablarte de él.

Mi marido y yo conocimos al Sr. Dickerson y mantuvimos con él una larga conversación que agradó mucho a ambos hombres. Según parece, tras jubilarse, el Sr. Dickerson empezó a pensar mucho en sus experiencias en la guerra, y los recuerdos que le quedaban de su gran amigo «Crac» Anderton, quien murió delante de él, no habían dejado de perseguirle.

El Sr. Dickerson contó que «Crac» había recibido con mucha alegría la noticia del embarazo de su mujer y que estaba deseando que acabara la guerra y empezar la carrera del sacerdocio cuando llegara a casa. El Sr. Dickerson se había preguntado con frecuencia qué habría sido de aquel niño sin padre; había querido saber de su destino pero no había tenido suerte. Aquel cruce de camino y una moneda lanzada al aire habían decidido el emocionado encuentro, después de cincuenta años del suceso.

Aquel día, cuando los dos hombres se reunieron e intercambiaron sus historias, les pareció como si en aquella habitación hubiera un benevolente espíritu tan palpable que no podía ser otra cosa que amor, un amor que daba respuestas a aquellas dos almas ávidas de ellas.

CHERYL ANDERTON

Construir a partir de piezas rotas

*M*i suegra, Virginia, era una mujer guapa. Hacía ejercicio cada día. La Biblia describe a Sarah con 127 años con la belleza de una mujer de veintidós. El ejemplo de mi suegra me enseñó cómo podía ser posible eso. Hacia bien entrado los setenta años tenía el modo de andar y la postura de una mujer joven, y siempre vestía de manera clásica. Su signo astrológico era Leo, y tenía la melena rubia del león y también su fuerza. Su marido, Alexander, era un hombre serio con una historia triste, y yo siempre pensé que Virginia era el sol y la alegría que él se merecía.

Mi suegro murió antes que ella (en 2006), pero nosotros nos aseguramos de que Virgina viviera muchos años. Sin embargo, cinco años después de la muerte de Alexander, Virginia se vio afectada por un cáncer de páncreas. Mi marido voló a California, donde ella vivía, para cuidarla, y cuando acabó el colegio los niños y yo fuimos a reunirnos con él. La actitud de Virginia siempre fue positiva y nunca se quejó.

Pero en privado ella compartía sus miedos conmigo. Virginia era una mujer que siempre mantuvo la casa meticulosamente limpia y nunca se saltó ni un día de ejercicio, así que se sentía terriblemente mal por no poder cuidar de sí misma. De todos sus miedos, el que más la sobrecogía era el de volverse incontinente y perder el control de esfínteres e intestinos. Era una mujer muy limpia y elegante, ¿cómo iba a quedar reducida a eso? Cuando le confesó sus preocupaciones a su médico personal, él le dio esta bella respuesta: «Bueno, cuando llegaste a este mundo no podías cuidar de ti misma y entonces todo fue bien».

En su viaje final hubo muchos momentos sagrados. Un día, durante una visita que le hice, me dijo:

—Espero que allí donde vaya, haya trabajo que hacer. Me encanta trabajar.

Tanteando el terreno, le dije:

—Si puedes… si te dejan… y si quieres… ¿cuando llegues al otro mundo, me enviarás un mensaje diciéndome cómo es aquello?

Me sonrió débilmente:

—¿Sabes que no eres la única persona que me lo ha pedido?

Llegó el momento de volver a casa con mis hijos, varios continentes más allá.

—Bien –me dijo mirándome fijamente a los ojos–, supongo que te veré en la próxima vida o en el nuevo mundo.

El adiós, triste y emotivo, fue a la vez alentador para ambas. Creo que ella sabía que su vida estaba a punto de apagarse. Unos días más tarde, en la tranquilidad de la noche, el alma de Virginia abandonó su cuerpo.

Después, empecé a esperar fervientemente un sueño en el que se me apareciera y anhelé que al menos me enviara una señal de que estaba bien, algo. Pero pasaron unos meses antes de que ella finalmente apareciera en un sueño, fue intenso y brillante.

Estábamos en un taller que parecía un garaje muy limpio, todo pintado de blanco. En el medio de la habitación había una mesa, y en ésta una caja.

Virginia parecía radiante, sin decir palabra me mostraba una caja blanca llenas de cosas hechas añicos, una mezcla de fragmentos de distintos colores. Tomó la caja y del fondo de ella extrajo una extraordinaria vasija de mosaico.

No hay palabras para describir la belleza extraterrenal con que aquellos fragmentos se unieron. La forma era asimétrica y me pareció que era imposible que en el mundo hubiera una vasija como aquélla. Las piezas del mosaico estaban suspendidas y reunidas por una fuerza invisible. Yo estaba sobrecogida.

Entonces, Virgina se volvió hacia mí y me dijo:

—Toma esto –animándome a que sujetara aquella mística caja blanca.

La miré y le dije:

—¡Es demasiado grande!

—No, no lo es –me respondió y me mostró una versión reducida de la caja, de la medida de una camisa envuelta en una caja de regalo. Alargué la mano para recibirla y entonces me desperté.

Para mí el mensaje era claro: el regalo significa que en este mundo de piezas fragmentadas podemos tomar nuestras vidas hechas añicos e incluso los pedazos de las vidas de otros y transformarlos en exquisitas vasijas. Existe una fuerza invisible que nos mantiene unidos, a nosotros, a nuestros sueños, a nuestras visiones, a nuestros errores, a nuestros triunfos, a nuestra propia vida. El regalo de aquel sueño fue saber que todas las piezas rotas de nuestras existencias se recolocan y reparan a todos los niveles, aun cuando no percibamos esa lección en un plano terrenal. Pero, cuando lleguemos al Más Allá, todas las piezas rotas se fundirán y crearán una bella obra de arte: los seres humanos unidos, formando un todo, irrompible.

LAYA SAUL

Arreglando cosas

Mi padre, un hombre sencillo, nació en 1915. Después de prestar servicio en el ejército norteamericano durante la Segunda Guerra Mundial se preparó para ser un técnico en televisión. Era muy bueno con la electrónica y, en general, arreglando cosas. Era un hombre bromista y agradable, y siempre tenía una palabra amable para todos. Aunque podía haber contado muchas historias de su infancia y de su vida en el ejército, en general era muy discreto, como la mayoría de los hombres de su generación. Las palabras que nos dirigía eran reflexivas y profundas, y, hoy por hoy, aún veo cómo influyó en mi vida.

Después de la muerte de mi padre, a la espléndida edad de noventa y cinco años, anhelaba que me visitara en sueños. Así que me sentí decepcionada cuando después de un mes aún no había soñado con él. Pero finalmente sucedió. Yo me hallaba en el vestíbulo de un edificio de oficinas enorme. Todo aquel lugar estaba cubierto de refulgente mármol. La gente iba arriba y abajo con las prisas características de los oficinistas pendientes de citas que cumplir y tareas por resolver. Entonces le vi, en mi sueño mi padre volvía a ser joven, tenía el cabello oscuro y ondulado. Estaba guapo, se le veía bien plantado, vestía su uniforme de técnico y llevaba su caja de herramientas.

Yo me sentía tan contenta de verle que intenté desesperadamente abrazarle y hablar con él, pero aunque fui tras él, siguió andando hacia el ascensor. Al pasar a mi lado me dijo:

—Me tengo que ir, estoy arreglando unas cosas allí arriba.

Fue un sueño muy corto, yo quería saber más cosas de él, pero al despertarme el mensaje me quedó claro: mi familia tenía un defensor «allí arriba». Pero ése no fue el único regalo de aquel sueño. Mientras mi padre aún vivía, mi madre había ido perdiendo la memoria, pero a los dos años de morir él, su demencia ya era severa. Una de las veces que la visité, me preguntó de repente por mi padre. Me dijo que hacía mucho tiempo que no le veía, se preguntaba dónde estaba, si es que él la había abandonado. Es duro decirle a alguien que tiene Alzheimer que la persona por la que pregunta ha fallecido, es posible que vuelva a sentir pena. Pero, gracias a aquel sueño, puede decirle a mi madre la verdad.

Ahora, siempre que me pregunta dónde está su marido, puedo contestarle con total sinceridad: «Está haciendo arreglos». Es una respuesta que nos satisface a ambas.

LAYA SAUL

Mensajes de texto y llamadas telefónicas del cielo

Según parece el teléfono móvil es algo que mi difunto hermano Dean encuentra útil para comunicarse con nosotros, los seres amados que ha dejado atrás. Cuando vivía, Dean siempre estaba al día de los últimos aparatos, tenía que tener el teléfono más moderno, el último modelo del mercado; así que no me sorprendió nada que después de su muerte siguiera utilizando la tecnología más avanzada como medio de comunicación.

Su primer mensaje me llegó a los pocos días de su funeral. Nuestra familia se encontraba en el cementerio arreglando su tumba. Mis padres y los hijos de Dean estaban conmigo mientras encendíamos la vela de su epitafio, quemábamos incienso y rezábamos. Junto a la tumba, sonó el teléfono de mi madre indicándole que había recibido un mensaje.

Mi madre, como suele suceder con la gente mayor, no estaba muy al día con las nuevas tecnologías. Conocía poco su teléfono móvil, sólo lo utilizaba para llamar y recibir llamadas, el único mensaje que había recibido antes de ese momento fue de mi hermano Dean, justo antes de morir. Ni siquiera sabía cómo recuperar el texto, de manera que me dio su móvil y me pidió que viera el mensaje y se lo leyera. Vi el mensaje, me estremecí y lo leí en voz alta: «Te quiero». No tenía firma y no se sabía quién lo había enviado. Dean estaba muerto ¿cómo nos iba a enviar un mensaje? Nos miramos unos a otros perplejos y completamente desconcertados, pero sintiendo todos la inconfundible presencia de Dean y su amor.

Éramos gente racional, así que, una vez recuperados de la conmoción, tuvimos claro que en algún lugar alguien a quien no conocíamos había marcado un número equivocado y había dejado un mensaje en el preciso momento en que buscábamos conectar con Dean en su tumba. Pero, a pesar de saber que había sido un error, seguíamos creyendo que el mensaje era para nosotros, hacía que sintiéramos la presencia y el amor de Dean. Aquel corto mensaje nos proporcionaba la maravillosa sensación de que Dean aún estaba cerca. Era una llamada equivocada, pero llegó en el momento correcto.

Sin embargo, Dean no sólo utilizó el teléfono para dejarnos mensajes de texto y comunicarse con nosotros. En 2001, justo antes de morir, Dave adquirió un teléfono nuevo y me dio a mí el viejo. Era un modelo que permitía introducir una melodía, nota a nota, como tono de llamada. Entre otras canciones introduje el estribillo de la vieja canción de Dusty Springfield, «You Don't Have to Say You Love Me» (No tienes que decir que me quieres) y empecé a usarla como tono de llamada. Unos días antes de que Dean muriera, él y yo estábamos sentados juntos en nuestro camping y Dean empezó a mirar todas las canciones que yo había introducido. Me pareció que escuchaba con especial atención la de Dusty Springfield. No sé cómo pero después de aquella noche cambié el tono de llamada de mi móvil por otra canción.

Tras el fallecimiento de Dean sufrí mucho, intentaba por todos los medios comprender su muerte y deseaba haber podido decirle lo mucho que él significaba para mí. Un día, cuando estaba especialmente apenada y me culpabilizaba de no haberle expresado mi amor con la frecuencia que debería haber hecho, sonó mi teléfono, pero no sonó el tono que yo había elegido sino la canción de Dusty Springfield. ¿Cómo había ocurrido? Hasta ese momento siempre había sonado la canción que yo había elegido. ¿Por qué había sonado aquella melodía cuando yo estaba especialmente abrumada pensando en Dean? Nunca antes me había funcionado mal, por lo que no pude dejar de pensar que aquello era otro mensaje de Dean.

Repetidamente me encontraba tatareando la canción de Dusty Springfield —en la que se pide a un ser amado que se ha ido que permanezca—, intentando dilucidar qué había sucedido. Ese teléfono había sido de Dean, y él había escuchado aquella melodía con especial atención. Estaba claro que él intentaba decirme que la canción que yo había elegido contenía el mensaje que quería que yo escuchara; que él estaba cerca.

En Australia, la mayoría acostumbramos a recibir una alerta en nuestros móviles del MessageBank® (un servicio que convierte los mensajes de voz en mensajes de texto) cada vez que tenemos una llamada sin atender. Justo en el octavo aniversario de la muerte de Dean, recibí uno de esos mensajes. Lo que me inquietó, sin embargo, fue el hecho de que aunque había escuchado una alerta de haber recibido un mensaje de texto, en mi teléfono no había registrada ninguna llamada, ni la había escuchado. Pero tenía un mensaje sin leer. Llamé al servicio de mensajería para recuperarlo pero no había ninguno. Sin embargo yo sentí que había recibido uno, tuve claro que mi hermano me había dejado un mensaje para decirme que estaba bien.

Puede que la gente piense que fue un error, pero a mí me resulta difícil explicar por qué un error así había tenido lugar precisamente en el aniversario de la muerte de Dean. El MessageBank® nunca había fallado ni lo hizo después.

No sé cuándo recibiré otro mensaje, pero sí sé que si Dean quiere volver a contactar conmigo el teléfono es, desde luego, uno de los medios que utilizará para hacerlo.

ANNA RAWLINGS

El número 38

El 38 era el número favorito de mi hermano Dean. En su vida apareció muchísimas veces. La casualidad hizo que muriera a los 38 años. Tras su fallecimiento, también yo empecé a ver este número por todas partes.

Así, por ejemplo, cada vez que miraba la hora en mi reloj de pulsera o en el reloj de pared, inevitablemente eran 38 los minutos que pasaban de la hora. El número 38 se me aparecía como parte de la matrícula de un coche, el número de reserva de un restaurante, en los boletos, y cosas así. Parecía que iba a salir continuamente en mi vida y a recordarme a mi hermano, manteniendo viva la conexión entre nosotros.

Cuando creí que mi hijo ya tenía edad para ir a la guardería, decidí que era el momento de dedicarme un tiempo a mí misma. Opté por acrecentar mi interés en el arte y me matriculé en un curso en artes visuales. A medida que iba progresando, sentí la necesidad de mostrar mis trabajos. Un estudiante del curso presentó unos folletos sobre una exposición llamada «Nowa Nowa Nudes», un certamen artístico muy renombrado.

Yo batallaba con la idea de qué pintar para presentarme al certamen. Mi marido y yo deseábamos tener otro hijo, y una noche, estando en la cama, me llegó la inspiración. Mentalmente empecé a esbozar algunas ideas que después desarrollaría en mi trabajo final. Mi obra se tituló *Buscando el embarazo* –ésa fue la base de mi inspiración–, y me presenté con ella al concurso junto a varios cientos de artistas más.

Dado que era la primera vez que se iba a exhibir una obra mía, mi marido y yo decidimos viajar las dos horas que nos separaban del evento para ver mi obra y todas las demás. Al entrar en la sala nos dieron un catálogo, mis ojos fueron escudriñando todos los títulos en busca del mío, y para mi sorpresa vi que ¡me habían adjudicado el número 38! Recorrimos la sala en busca de mi trabajo, y finalmente lo encontramos. Allí estaba, luciendo orgullosamente en la pared, con una pegatina con el número 38.

Me pareció muy prometedor, y se me pasó por la cabeza que quizás la impronta de mi hermano significaba que iba a ganar aquel certamen, o que algo importante iba a suceder en relación al concurso. Pero eso no ocurrió, sin embargo seguía sintiendo una profunda conexión con mi hermano y creía que él me estaba mostrando su apoyo por lo que hacía, que me haría saber que estaba allí de nuevo.

Mi marido y yo llevábamos un tiempo intentando tener un hijo, y yo cada mes me enfrentaba a la decepción de no haberme quedado embarazada. Poco después de la exposición, una noche en la ducha me asaltó una idea:

—¿No sería maravilloso que me quedara embarazada este mes, el mes en que he visto el número 38? Una vez más sentí que Dean estaba cerca de mí y que se sentiría feliz con la noticia. Sin embargo, no quería echar las campanas al vuelo.

Mi ciclo menstrual debería iniciarse el 11 de noviembre, fecha en que se celebra en Australia el Día del Armisticio. De modo que esa efeméride, cuando se recuerda a todos los que perdieron su vida en la guerra, me hice el test del embarazo y supe que, efectivamente, estaba embarazada. También supe que tanto la inspiración para mi trabajo artístico como el título del mismo eran la manera en que Dean me anunciaba que me iba a quedar embarazada. Que al azar el número 38 fuera el número de mi trabajo era una señal clara de que Dean me estaba enviando un mensaje, no era que Dean hiciera que mi trabajo ganara, era saber que compartía con nosotros la alegría de que nuestro bebé estaba en camino.

La coincidencia de la creación de mi trabajo, del número que me habían adjudicado y de mi embarazo llevaban a una sola conclusión: mi hermano supo antes que yo que estaba embarazada y no pudo esperar a compartirlo conmigo.

Anna Rawlings

Hola, Lynn

Cuando mi madre estaba a punto de morir, le pedí que se comunicara conmigo en el momento en el que llegara al otro mundo. Asintió y me miró con maternal indulgencia, temía llegar a un agujero negro.

Apenas dos meses después de su muerte, empecé a asistir a un curso de ordenadores junto a otras treinta personas del equipo de la biblioteca. Llegué pronto y me senté frente a un ordenador al final de la sala. Al mover el ratón apareció una pantalla de color pizarra.

Escrito en letras blancas se leía: «Hola, Lynn». Me pregunté cómo habrían programado el ordenador para hacer eso y cómo sabían dónde me iba a sentar. Miré a mi alrededor, la gente que había a mi izquierda charlaba despreocupadamente. Los asientos de mi derecha estaban vacíos. No oí que nadie preguntara: «¿Hay un saludo en tu ordenador?». Volví a mirar a la pantalla, el mensaje seguía allí. Sonreí y murmuré «Hola». Estaba deseando jugar, aunque no conocía el juego ni las reglas.

En el taller se dijo que contestar al ordenador, o incluso hablar con él era «tener una relación sentimental con una máquina». Mientras escuchaba las palabras de introducción del profesor, volvieron al ordenador las imágenes del salvapantallas, y cuando nos dijeron que empezáramos a trabajar, apareció el logo de la biblioteca. El «Hola, Lynn» había desaparecido. Intenté recuperar aquel saludo pero no pude. Más tarde me di cuenta de que ninguno de los ordenadores de la sala tenía aquella pantalla y de que lo que vi era exactamente igual a las pizarras que mi madre había utilizado cuando trabajaba de maestra.

Pasaron meses sin que me atreviera a contárselo a nadie. ¿Pensarían que estaba chalada? Me lo guardé para mí hasta que Karin, una compañera del «Project Second Chance» (un programa de alfabetización) me habló del espíritu de su abuelo. Karin era una mujer pragmática, así que me quedé muy sorprendida al oírle hablar de que su abuelo, fallecido hacía mucho tiempo, jugaba en su cocina con el volumen de la radio y dejaba caer las cucharas. Sus historias me estremecieron pero también me dieron valor.

Con voz temblorosa, le conté lo del «Hola, Lynn» que apareció en la pantalla del ordenador el día del cumpleaños de mi madre.

—¡Qué bien que eso ocurriera! –me dijo Karin.

Aun así tardé varios años en asumir que aquélla fue la manera en que mi madre me dijo que estaba en el Más Allá y que todo iba bien.

B. Lynn Goodwin

Conduciendo en medio de una tormenta

*Y*o jamás había tenido la sensación de «misterio» que impregna la vida de muchas personas. Sólo había vivido el misterio en los libros de Nancy Drew (autora de novelas de misterio dirigidas a adolescentes), y la magia la sentí cuando era una niña y me compraron una varita con purpurina en el circo que una vez al año llegaba a mi cuidad. En otras palabras, los sucesos místicos o sobrenaturales no tenía cabida en mi mundo particular.

Algunos compañeros de colegio llevaban unos llaveros con tréboles de cuatro hojas que sostenían entre los dedos durante los exámenes, y otros llevaban patas de conejo atadas a sus mochilas. A menudo escuchaba el LP del show de Broadway, *Guys and Dolls,* en con una canción que hablaba de la suerte de ser una chica, pero me gustaba la música no el mensaje de la canción.

No me importaba el azar, el hado, o cualquier cosa que no perteneciera a este mundo.

Los inicios de los años cincuenta fueron los años de mi educación y de la construcción de mi personalidad, y los sueños de la infancia se convirtieron en pequeñas realidades de la adolescencia, pero sin que hubiera en ello nada tan etéreo como la «suerte».

Con su cariño incondicional, mis padres me hicieron sentirme segura e importante, por mucho que me apoyara en ellos, nunca vacilaban.

Un mes después de mi vigésimo cumpleaños, el misterio tuvo para mí el significado de algo imposible de explicar, fue cuando mi padre murió a los cuarenta y cinco años víctima de un ataque cardíaco.

¿Cómo podía estar su cuerpo inmovilizado por una mortaja? ¿Cómo podía una caja de pino tan estrecha contener a un hombre que llenaba el aire de amabilidad, sensibilidad y sonrisas, independientemente de cómo se sintiera en su interior? ¿Dónde estaba «él»?

Mientras en el cementerio de Long Island introducían la caja en la tierra rojiza con la ayuda de cuerdas, grite en voz alta:

—¡No le hagáis daño!

El tren me llevó de vuelta al instituto de Connecticut y completé el curso. Durante el invierno del curso posterior, ya en la universidad, tuve una cita con un chico, íbamos a ver una actuación en directo en un teatro de Hartford, a unos cuarenta minutos del campus por una carretera secundaria. Una repentina tormenta hizo que mi pareja condujera muy atento a las condiciones meteorológicas, intentando que el coche no se saliera de la carretera y sin separar la vista del parabrisas, pues la nieve caía tan rápido que los limpiaparabrisas no daban abasto. Él tenía los nervios destrozados, pero yo estaba extraordinariamente tranquila. Permanecía tan callada que mi amigo creyó que me había desmayado.

—¡Cualquier otra persona estaría gritando! –dijo mientras se aferraba al volante.

Su voz sonaba aguda, con un tono de fatalidad. Yo, por el contrario, no sentía miedo de que el coche se estrellara contra uno de los enormes árboles de Nueva Inglaterra, de que el coche de detrás no viera nuestras luces, ni de que fuéramos a volcar. No me preocupaba en absoluto nuestra seguridad, me sentía serena. ¿Creía mi amigo que aquello acabaría desastrosamente, que nos quedaríamos atravesados en la carretera? ¿Estaba susurrando una oración porque pensaba que íbamos a morir?

Aún después de recuperar el control del coche y llegar a salvo al campus, siguió temblando, impactado por la sensación de que acontecería una catástrofe inminente. Haber visto la muerte tan cerca hizo que se estremeciera.

Le toqué el brazo suavemente. Me miró extrañado mientras me agradecía que no hubiera gritado o le hubiera sujetado cuando estábamos en la carretera.

—Estuviste… –y dudó antes de acabar la frase–, genial –pero también él parecía muy sorprendido de mi extraordinaria compostura.

—Cualquier otra chica se echaría ahora mismo a llorar, ya fuera por el miedo pasado o por puro alivio. ¿Cómo has podido estar tan serena? –me preguntó finalmente.

—Sabía que mi padre estaba conmigo –le dije–, era una sensación muy fuerte. Y sabía también que no nos iba a pasar nada, él no iba a permitir que mi madre sufriera teniendo que enterrar a otro ser querido.

—¿Cómo podías estar tan segura de que tu padre estaba contigo? –me preguntó–. ¿No sería cosa de tu imaginación?

No soñaba, mi padre estaba allí. El inconfundible olor de su loción de afeitado (mi amigo no usaba) llenaba el coche mientras iba dando bandazos. Antes de la tormenta y de que estuviéramos casi a punto de volcar, el coche no olía a nada.

Mi padre siempre me había protegido, y seguía haciéndolo. Yo sabía a ciencia cierta que su alma estaba conmigo aquella noche, que no era cosa de mi imaginación. Era un padre y un marido extremadamente entregado, y se quiso asegurar de que a su hija veinteañera no le ocurriera nada. De ese modo protegía a su amada esposa del terrible disgusto que tendría al atender una llamada telefónica advirtiéndole de un accidente de coche en el que estaba implicada su hija.

No volví a tener una experiencia tan fuerte como aquélla. A veces sentía vagamente la presencia de mi padre y sonreía pensando que después de tantos años él seguía protegiéndome, pero nunca sentí nada tan profundo y claro como aquella noche. Aquélla fue la única vez que me sentí embriagada por su olor. No pudo ser un sueño, o una visión, y sé que mi memoria no adornó la historia con el paso de los años, pues aquella misma noche escribí todo lo que me había sucedido. Le escribí a mi padre una carta en la que le daba las gracias, sólo por si «casualmente» la leía. Quería que supiera que sabía que estaba viva gracias a él. Aún guardo aquella carta.

Alguien podría argumentar que quizás yo me imaginé el olor de la loción de afeitar de mi padre, pero en medio de aquel drama cercano a la catástrofe no me creo capaz de ser tan imaginativa. Para mí aquello fue claramente un «pequeño milagro», y hasta el día de hoy me embarga como un gran misterio, algo que desconocía antes de aquel incidente.

Lois Greene Stone

Un huracán milagroso

Era el 29 de octubre de 2012, dos horas antes de la marea alta, cuando predijeron que un huracán de arena azotaría la costa noreste del Atlántico. Echamos un vistazo rápido a la puerta trasera de la casa y vimos que había ya un metro y medio de agua cayendo a un canal más pequeño, a unos ciento ochenta metros hacia el oeste.

Cuando el agua nos llegó a media pierna, mi novio y yo empezamos a subir cosas a la buhardilla, junto a Bogart, el gato. Subimos la comida del gato, arena, agua, mantas, un botiquín de primeros auxilios, barritas de cereales, los ordenadores portátiles, un televisor, y un disco duro externo, además de velas, linternas, cerillas, y una radio de emergencia y linterna que funcionaba con electricidad, pilas, energía solar y una manivela. Mi novio se rio de mí cuando le enseñé muy orgullosa esa adquisición que me había regalado a mí misma para mi cumpleaños, el pasado mayo. Ahora no se reía.

Tampoco se reía de los litros de agua que había almacenado. Cinco meses antes, en mayo de 2012, mi padre se me había aparecido en un sueño.

—Compra agua –me dijo–, la vas a necesitar. Mi padre había muerto en 1989, pero pensé que si se había tomado la molestia de presentarse en sueños, tenía que prestarle atención. Cada vez que iba al supermercado, compraba una garrafa de agua para llevar a casa. Después de haber acumulado media docena de garrafas, me vi obligada a admitir que tenía una especie de armario de supervivencia.

Pero no era del todo suficiente, al menos según mi tío Nick, que había muerto en 1991. Seis semanas después de que se me apareciera el espíritu de mi padre en sueños, se me apareció el tío Nick sentado en un sillón de orejas y fumando su habitual marca de tabaco en su pipa favorita.

—Laurie, no te los estás tomando en serio. De verdad, tienes que comprar más agua –me dijo.

—Está bien, tío Nick –le dije en el sueño.

Me desperté con la firme resolución de volver a la tienda a por más garrafas de agua. Seguramente, con treinta y cuatro litros habría suficiente.

Pero mi padre no estaba contento, volvió a visitarme en sueños el Día del Trabajo y de pie, muy serio, me dijo:

—Jovencita, no estoy contento –dijo–, Laurie, tienes que prestar atención. No tienes suficiente agua, y la vas a necesitar.

Yo seguí sin saber de qué estaba hablando, pero obedientemente compré más litros de agua, hasta un total de cincuenta.

Ahora tenía los cincuenta litros de agua alineados en el mostrador de la cocina, junto a tres cajas de botellas de litro. Todavía no entendía por qué habían vuelto los espíritus de mi tío y mi padre a pedirme que consiguiera agua. ¡Teníamos más que suficiente! Como la inundación llegó a un metro de altura, el agua hizo que el frigorífico se levantara del suelo y arrastrado por la corriente se estrelló contra la lavadora, que también estaba flotando. Un sofá de piel de cerca de dos metros de largo fue a parar a la entrada de la sala de estar.

Cuando el agua nos llegó a la altura del pecho, subimos a la buhardilla, y desde allí observamos cómo subía el agua escaleras arriba. Nos las arreglamos para conciliar el sueño un par de horas, después nos despertaron unas voces. La marea había retrocedido y dejado una película aceitosa sobre las baldosas. Unas horas más tarde, nos dimos cuenta de que toda la casa estaba impregnada de aguas residuales. La fuerza del oleaje había roto la bomba del alcantarillado de la ciudad. Teníamos todo el suministro de agua contaminado.

Finalmente entendí por qué mi padre y mi tío habían venido desde el otro mundo, ¡querían asegurarse de que tuviera suficiente agua!

A pesar de que todo lo que había construido durante veinte años se había ido al garete en menos de una hora, les di las gracias por haberse ocupado de mí.

LAURIE NADEL

Lila y Lolo

Se sentían tan cercanos como si fueran gemelos, eran dos hermanos nacidos en Cienfuegos, Cuba, que se llevaban apenas un año de edad.

Ella, María Amelia, nació en 1921; y él, Eduardo, en 1922. De niños les llamaban Lila y Lolo, y así siguieron llamándose el resto de sus vidas. Incluso se parecían, aunque de mayor él no tenía ya pelo, mientras que ella, hasta su último aliento siguió teniendo una espesa y abundante cabellera. Una vez Lolo se puso una peluca y con ella parecía exactamente su hermana (pero sin maquillaje).

Mi esposa era hija de Lila y sobrina de Lolo. Adoraba a su querido tío, y él, que en sus cincuenta y siete años de casado no había tenido hijos, la adoraba también a ella. Cuando Liliana, mi esposa, tenía once años, en 1960, sus padres la sacaron a ella y a su hermana de Cuba por causa de la revolución. La lealtad de Lolo a la revolución hizo que la familia se dividiera, pues él y su mujer se quedaron en Cuba.

En la década de los noventa, la relación diplomática entre Cuba y Estados Unidos se suavizó y Lolo y su esposa, ya jubilados, pudieron venir a visitarnos a Florida un par de veces. Nosotros les devolvimos la visita en 1997 y pasamos un par de semanas en Cuba, y en ese tiempo celebramos el cincuenta aniversario de su boda.

En 2004, Lila sufría un Alzheimer bastante severo, se aferraba fuertemente a la existencia aunque no tenía calidad de vida y todos nos maravillábamos de que sobreviviera. Sus atormentadas hermanas no entendían cómo seguía viva, cuando apenas podía comunicarse con ellas, ni siquiera reconocerlas. La familia lo estaba pasando mal.

Lolo sabía las condiciones en las que se encontraba su hermana, pero él mismo, sin que mi esposa tuviera conocimiento de ella, había desarrollado una dolencia cardíaca que le había debilitado enormemente. Una mañana de octubre, al despertarse, le dijo a su mujer que le había llegado el momento de descansar, y dio su último suspiro.

Cuando unos minutos más tarde recibimos una llamada de Cuba con la noticia de su muerte, mi esposa sintió una gran angustia. Quedó sumida en una profunda tristeza por haber perdido a su amado tío (para ella esa muerte fue totalmente inesperada), y se sintió muy culpable por no haberse esforzado en visitarle otra vez en Cuba. Nunca la había visto tan triste, le pregunté si quería que me quedara en casa con ella, pero insistió en que me fuera a trabajar. Me contó que iría a ver a unos amigos cubanos y que se quedaría un rato con ellos. No estaba seguro de que eso fuera una buena idea, pero ella parecía muy resuelta a hacerlo.

De modo que, llorando aún la muerte de su tío, Liliana condujo el coche por la carretera nacional en medio de una buena tromba de agua, una lluvia tropical: lágrimas fuera y dentro del coche. De repente, a un lado del vidrio delantero, como en una especie de reflejo, apareció la imagen de su tío, que empezó a hablar con ella. Y, por muy extraño que parezca, no se sabe cómo, mientras llovía a raudales, Liliana encontró un papel y un lápiz y tomó nota de la conversación.

Fue una charla larga y minuciosa, pero principalmente hablaron de lo siguiente: Lolo le dijo a mi tía lo mucho que le apenaba haberle causado tanta congoja, pero que se sentía muy cansado y le había llegado la hora. Le dijo también que no se sintiera culpable por no haber ido a verle últimamente, porque ella tenía sus propios problemas y preocupaciones ya que su madre estaba a punto de morir. Lolo añadió:

—Mi hermana tiene miedo a la muerte. Tú y Diana (la hermana de mi esposa) estáis muy angustiadas por ella, pero debéis libraros ya de esa preocupación. Ahora yo podré encargarme de ella.

Al acabar la conversación, mi esposa se detuvo en una gasolinera, me llamó y me leyó todo lo que habían hablado. Aquella charla parecía totalmente natural y precisa, y además contenía mucha información sobre la familia que ella ignoraba. Y, sobre todo, la tristeza que sentía había desaparecido, ese lugar había sido ocupado por un sentimiento de paz y calma.

Confirmando lo que Lolo había dicho, Lila murió finalmente un mes, un día y una hora después de la muerte de su hermano.

BILL CUNNINGHAM

El regalo perfecto

Sarah creció en el seno de una familia inglesa grande y cariñosa. Aunque sus padres no tenían mucho dinero, Sarah no pasó privaciones. Sus trabajadores y entregados padres le enseñaron el arte de criar hijos, mostraron a todos y cada uno de sus once hijos que eran muy apreciados y amados.

El padre de Sarah era un erudito de los textos bíblicos y un líder de la comunidad con muchas y diversas obligaciones que a menudo le retenían fuera de casa. Sin embargo, sus hijos sabían que eran muy importantes para él. Cada noche, antes de acostarse, iba de habitación en habitación comprobando que todos estuvieran bien tapados y cómodos. En las vacaciones estivales se unía a ellos en los juegos con entusiasmo y ganas de divertirse. Una vez, les ayudó a construir una presa con piedras en medio de un riachuelo. Por muy ocupado que estuviera, Sarah sabía lo mucho que su padre la quería.

La madre de Sarah era una mujer digna y elegante que había crecido en una casa adinerada. Era inteligente, talentosa, y hubo un tiempo en que ocupó un puesto de trabajo muy importante, pero cuando la familia empezó a crecer, renunció a su carrera por ella. Tenía un don especial para coser prendas muy bonitas a partir de telas sencillas, y gracias a eso, sus hijos y ella siempre iban muy bien vestidos y conjuntados. Sarah no sólo atendía muy bien las necesidades prácticas de sus hijos, sino también sus necesidades emocionales. Para darles una atención individualizada, salía con cada uno de ellos de excursión una vez al mes. Sus hijos sabían que ella estaba disponible siempre que querían contarle algo.

Después de diez años de casados, Sarah y su marido se mudaron al extranjero y se construyeron su propia casa. Aunque Sarah estaba a miles de kilómetros de sus padres, siempre formaron parte de su vida, ella les llamaba regularmente, y el amor y la comprensión de su madre la acompañaron durante los años de crianza de sus hijos. A pesar de su ausencia física, la madre de Sarah permaneció siempre presente en su vida, y siguió cuidando de ella aun estando en el extranjero.

Diez años más tarde de aquella mudanza, la madre de Sarah falleció de repente. Tres días después de su muerte, Sarah dio a luz una niña. Se sentía terriblemente apenada por estar lejos de su familia –de su padre y de sus hermanas– en un momento así. Deseaba estar con ellos y llorar juntos la pérdida, pero sus circunstancias (acababa de dar a luz) y la considerable distancia física le hicieron imposible reunirse con ellos.

Seis años después de la muerte de su madre, Sarah tuvo otra niña. Todas las mujeres que han tenido hijos saben que el posparto es un período de una gran vulnerabilidad emocional. Cualquier sentimiento, por efímero que sea, se magnifica. En el caso de Sarah la herida que le había dejado la pérdida de su madre seis años antes se había vuelto a abrir. Fue precisamente cuando Sarah volvió a ser madre el momento en que echó en falta el amor de su madre como nunca antes. Ahora que acabada de parir, anhelaba a su madre constantemente, y añoraba desesperadamente su ternura, sus consejos, sus cuidados y su sabiduría.

Y entonces –justo unos días después–, tuvo el mayor impacto de su vida al recibir un paquete por correo dirigido a ella, ¡y escrito con la letra de su madre! Sorprendida y conmocionada, Sarah deshizo el paquete y vio que contenía ropa para un niñita.

Sarah se quedó tan desconcertada que rompió a reír y a llorar al mismo tiempo. Aquello no tenía ningún sentido. ¿Cómo iba a mandarle su madre que llevaba seis años muerta un regalo para su bebé?

Después de mucho indagar averiguó lo siguiente: al nacer la hija mayor de Sarah, hacía ya unos veinte años, su madre según parece preparó un paquete con ropa de bebé y se lo dio a una mujer que iba a ir a Inglaterra. La madre de Sarah escribió la dirección de su puño y letra para que aquella mujer se lo enviara por correo tan pronto llegara al país. Pero, inexplicablemente, aquella «mensajera» colocó aquel paquete en un estante y se olvidó de él ¡durante veinte años, nada menos! Ahora aquella mujer se iba a cambiar de casa y con la mudanza se encontró el paquete abandonado en un estante. Su ética hizo que sintiera remordimientos por haberse olvidado de cumplir el encargo y decidió que no le quedaba otra que cumplir con su obligación y enviar el paquete por correo.

Y, de ese modo, fue cómo Sarah recibió aquel regalo perfecto de su madre, cuando más lo necesitaba.

PENINA NEIMAN

Ángeles con botas

Cuando yo tenía ocho años, mi madre y yo sufrimos un terrible accidente de coche en Greenwich, Connecticut. Sucedió a última hora de la tarde de un bello día de verano, en agosto de 1962. Yo había pasado el día jugando en el jardín con mis amigos, haciendo cabriolas y volteretas en el césped y balanceándome en el columpio que mi padre había montado para mí y mis hermanos en un enorme arce.

A última hora, mi madre y yo salimos para ir a recoger a mi hermano mayor a la playa. Desde allí teníamos pensado ir en coche a una tienda de Greenwich para comprar una plancha. Eran aquellos tiempos en que las madres aún planchaban y los niños se movían libremente por el barrio, de una casa a otra, sin la supervisión de los adultos. Mi padre permanecía en la reserva naval, dando soporte logístico en algún lugar del Midwest; cuando estaba fuera mi madre solía decir: «cuando el gato no está, los ratones bailan», refiriéndose a que podíamos ir de compras con total libertad.

Pero, a pesar del placer de encontrarse a sus anchas, aquella tarde calurosa de agosto mi madre no tenía su habitual buen humor. Mi hermano no le estaba esperando en la playa como habían quedado y eso le preocupaba.

«Bueno… quizás se ha cansado de esperarnos y ha hecho autostop, o quizás ha cogido el autobús», pensaba para tranquilizarse. Llegábamos tarde, así que no podía culparle de no habernos esperado.

Mi madre cambió de sentido y se dirigió a la autopista de Connecticut, camino a Greenwich. Hacía un calor sofocante, así que bajamos las ventanillas del coche y dejamos que entrara la brisa de la tarde. El viento nos alborotaba el cabello, y mi madre decidió que era el momento perfecto para enseñarme su canción favorita: «My Baby Just Cares for Me».

Comenzábamos la canción muy bien, pero yo luego desentonaba, y mi madre me hacía repetirla intentando que la cantara bien. Estábamos empezando a sentirnos decepcionadas cuando de repente, mi madre se puso tensa y gritó:

—¡Calla!

—Un camión enorme pasó haciendo un ruido tremendo. No sé exactamente qué pasó después, pero al final acabamos estrellándonos contra un poste. Todo parecía suceder a cámara lenta, yo salí disparada y mi madre se quedó atrapada en el coche. Lo siguiente que recuerdo es estar tumbada sobre la hierba a un lado de la autopista. Parecía como si el ruido habitual del tráfico hubiera desaparecido, todo estaba muy tranquilo, en medio del silencio oía el trinar de los pájaros y sentí la luz brillante del sol en la cara. Miré alrededor y entonces me di cuenta de que estaba cerca de una valla, en un sitio que parecía una zona residencial, y justo detrás de la valla había dos muchachitas un poco más mayores que yo. Estaban allí quietas, mirándome.

Aunque no decían nada, noté que me sonreían y animaban, parecían decirme que todo iba a salir bien. Y luego me fijé que llevaban unas botas altas, sí, sí, unas botas del tipo que calzaban las chicas del *Hullabaloo*, mi programa musical favorito. Estaba confusa y aturdida, pero pensaba que me encantaría tener unas botas como aquéllas. ¡Yo quería vivir, hacerme mayor, convertirme en una adolescente y ponerme unas botas como ésas!

Y eso fue exactamente lo que pasó. Nos hospitalizaron a las dos y pasamos por un largo período de recuperación, pero afortunadamente aquellas muchachitas tenían razón: todo salió bien.

Pero el milagro está en que he conducido durante muchos años por aquel trayecto de autopista y allí *no hay ninguna valla.* Tampoco hay casas, ni ningún sitio de donde pudieran salir dos chicas vestidas de blanco. Así que he llegado a la conclusión de que eran ángeles, ¡unos ángeles muy estilosos, eso sí!

JAMIE CAT CALLAN

El *shofar*

l rabino Yitzhak Finkler, el reputado Rebe de Radoszyce, fue uno de los grandes héroes espirituales del siglo XX. Fue en la ciudad polaca de Pietrokov (Piotrków), en la corte jasídica, donde adquirió la reputación de hombre santo, un rabino cuyos servicios religiosos eran incomparables por su calidez, profundidad y belleza. Multitud de personas acudían a su sinagoga atraídas por su voz melodiosa, su espiritual canto, su carisma y, sobre todo, por su piedad.

Uno de sus más fieles seguidores era un muchacho llamado Moshe Waintreter, alguien para quien el rabino constituía el centro de su vida. Confería dignidad a todo el que se encontraba con él, y siempre que sus caminos coincidían, se detenía para dar a Moshe un beso y una bendición. Que sus vidas se iban a cruzar mucho después, de un modo más significativo, era algo que ninguno de los dos sabía de antemano.

En 1943, cuando Moshe tenía veintinueve años, y sus padres ya habían muerto, fue deportado –sin familiares ni amigos que le apoyaran– al campo de trabajo de Skarzysko-Kamienna, al sudeste de Polonia. Si bien los nazis no consideraban oficialmente los campos de trabajo como campos de exterminio, como los de Treblinka o Sobibor, en realidad funcionaban como lugares de «exterminación mediante trabajo». Skarzysko-Kamienna era tristemente famoso por ser un lugar destinado a una muerte lenta y segura, un centro donde los presos eran sometidos a unas condiciones crueles y a frecuentes «selecciones» (quizás una de las razones por las que este campo sea poco conocido es por los pocos supervivientes que hubo en él).

Ése fue el terrible lugar en el que Moshe Waintreter estuvo recluso dos años antes del final de la guerra. Pero, tan pronto como llegó al barracón número 14 al que fue asignado, algo que vio le produjo una alegría incontrolable: nada menos que el rostro del rabino Yitzhak Finkler, el gran Rebe de Radoszyce, a quien milagrosamente habían asignado a su mismo barracón. Moshe se sintió profundamente aliviado, confortado por la presencia del gran Rebe. Pero no pudo evitar preguntarse angustiado: ¿Adónde habían llegado aquellos terribles tiempos?

¿Qué heridas de guerra habría soportado el propio Rebe? ¿Estaría destrozado y cansado? ¿Tendría el alma rota? Moshe intercambió unas cuantas palabras con el Rebe y, enseguida, comprobó que su fe seguía intacta, que sus alas aún se desplegaban como un refugio seguro para quienes acudían en su busca. El Rebe no sólo siguió atendiendo infatigable a su rebaño y ofreciendo hermosas palabras de apoyo y consuelo a los abatidos, sino que supo transformar el mugriento y gris barracón 14 en una improvisada *beit midrash* (sinagoga y *yeshiva*) en la que se practicaba secretamente los preceptos judíos y emanaba la santidad.

Cada mañana, al amparo de la oscuridad, pasaban clandestinamente a través de los barracones un par de filacterias (tefilín, unas pequeñas envolturas o cajitas de cuero donde se encuentran o guardan pasajes de las Sagradas Escrituras), de este modo cada judío tenía la oportunidad de llevar a cabo el *mitzvah* (precepto). El Rebe conducía las plegarias del *Sabbath* y, siempre que podía, enseñaba la Torah. Que su maestro pudiera continuar observando los preceptos religiosos en aquellas terribles condiciones era un rayo de luz para Moshe, una continua fuente de inspiración.

Todos estaban maravillados por la fortaleza interior del Rebe, por su enorme manantial de amor, que fluía por los barracones y arropaba a todos y cada uno de ellos. Si antes no habían sido ardientes seguidores del rabino, ahora lo eran.

Dado que la Pascua del 1943 estaba cercana, el Rebe decidió que era imperioso celebrar el *Séder de Pésaj* de manera tangible y concreta.

Se acercó a Shloma, unos de sus leales fieles en el barracón 14, y le preguntó si llevaría a cabo un encargo importante. Como Shloma trabajaba en la cocina del campo, le pidió que a escondidas tomara unas cuantas remolachas para hacer un zumo que sustituyera a las *arba kosos* (cuatro copas de vino) que se utilizaban durante la ceremonia.

Shloma se quedó petrificado, pero el Rebe le aseguró que en pago por realizar ese gran *mitzvah* le daría su bendición personal y le prometió que sobreviviría y viviría para verlo muchos años. Como todos los demás religiosos judíos del campo de trabajo, Shloma reverenciaba al Rebe. Si creía o no que las bendiciones del Rebe le protegerían era otra cuestión, él sencillamente no podía decirle que no.

El Rebe ofrecía su vida a diario por sus seguidores judíos, y ahora había llegado el momento en que Shloma daría su vida por él. Realizó la tarea que el Rebe le había pedido, afortunadamente los guardas de la prisión no detectaron sus actividades, y en la Pascua los judíos del campo pudieron concluir la ceremonia de beber cuatro copas con el zumo de remolacha de Shloma.

A pesar de los golpes físicos que el rabino Finkler soportó y de las monstruosas escenas que tuvo que presenciar (un día, se conminó a los judíos a que tomaran los cadáveres de sus compañeros y bailaran con ellos mientras cantaban en *yiddish*), la resistencia espiritual del Rebe nunca se vino abajo. Al acercarse el *Rosh Hashanah* (el Año Nuevo judío) decidió que tenían que conseguir un *shofar* (instrumento musical fabricado con el cuerno de un carnero) para conferir a los Días Temibles la espiritualidad y autenticidad necesarias, a fin de que los presos recordaran aquellos tiempos de antaño en los que sus espíritus se elevaban al cielo. El Rebe tomó un diamante que tenía escondido –con el que podía haber conseguido más comida y pasado menos privaciones– y se lo entregó a un paisano polaco que trabajaba en el campo.

—Te doy este diamante –le dijo– a cambio de un cuerno de carnero –le propuso al hombre. Los ojos del polaco brillaron de avaricia y rápidamente tomó el diamante. Unos días más tarde le entregó un cuerno al Rebe, era un cuerno de toro.

—¡No, no! –protestó el rabino–, éste no es el cuerno adecuado. Te pedí un cuerno de carnero.

—¡Pero aquí no puedo encontrar un cuerno de carnero! –dijo quejumbroso el polaco.

—Escucha –le dijo el Rebe–, si quieres que en un futuro te dé más diamantes, tienes que conseguirme un hueso de carnero. Si no se lo pediré a otro.

Unos días después, apareció el hombre con un hueso de carnero en el bolsillo. Shloma había conseguido lo que el Rebe le había pedido para la Pascua, y tal y como éste le prometió no levantó sospechas ni tuvo que soportar ningún castigo. Si bien Shloma trabajaba en la cocina, allí no había utensilios para poder elaborar un *shofar*, pero Moshe, estaba en la fábrica metalúrgica y allí podía conseguir las herramientas necesarias.

—Moshe –le dijo el Rebe saliéndole al paso una mañana–, te conozco desde que eras un niño, y también conocía bien a tu padre. Quiero confiarte la sagrada tarea de hacer un *shofar* con el asta de este carnero que hemos escondido en el campo, pues todos queremos realizar el *mitzvah* con el *tekias shofar* (el sonido del *shofar*) cuando llegue el *Rosh Hashanah*. Sé que trabajas de operario en la fábrica, y estoy seguro de que encontrarás el modo de fabricar el *shofar*.

La angustia y el miedo se reflejaban en la mirada de Moshe cuando contestó a su amado maestro.

—Rebé –le dijo quedamente–, me encantaría hacerlo, sabe que haría cualquier cosa por usted, pero ayer mismo un judío escondió en el cinturón un trocito de cuero, un guarda le cacheó y al descubrir el trozo de piel le disparó y lo mató. Cada día nos cachean al entrar y salir de la fábrica, Rebe. Si matan a un hombre por un trocito de piel, es seguro que a mí también me matarán.

—Moshe –le dijo el Rebe suavemente, usando las mismas palabras que había utilizado para calmar el miedo de Shloma hacía seis meses, cuando le pidió el zumo de remolacha–, comprendo tus miedos. Pero en honor de este gran *mitzvah*, te daré mi bendición y te prometo que sobrevivirás y vivirás para verlo muchos años.

—Pero, Rebe –protestó Moshe–, no tengo ni la menor idea de cómo se fabrica un *shofar*.

—Estoy convencido de que encontrarás la manera de hacerlo –le respondió el Rebe.

Incapaz de contradecir al maestro, Moshe, a regañadientes, se puso manos a la obra. Después de introducir el cuerno en la fábrica, se acercó a escondidas a varios judíos a quienes preguntó si sabían cómo hacer un *shofar*.

—Tienes que hervirlo en leche –le dijo un hombre categóricamente.

—Debes introducirlo en agua hirviendo –le dijo otro.

No había consenso. Decepcionado por no poder conseguir unas directrices precisas, Moshe decidió seguir su propio instinto. Tomó una herramienta y empezó a perforar. En pocos minutos, estaba a su lado al encargado de la fábrica, alertado por la actividad subversiva que estaba llevando a cabo Moshe, algo notorio por el ruido del taladro.

—¿Qué estás haciendo? –le dijo el capataz.

El padre de Moshe le dijo un día que la mejor manera de desarmar al interrogador era sorprenderle contándole la verdad.

—Estoy haciendo un *shofar*, es para poder tocarlo en los Días Temibles, el *Rosh Hashanah* y el *Yom Kippur* –le dijo.

—¿Estás loco? –gritó el capataz, y metió a Moshe en un almacén que había allí al lado.

«Se ha acabado. Soy hombre muerto. El maestro no ha podido protegerme después de todo», pensó Moshe disponiéndose a recibir un tiro. Pero no sucedió nada.

En la privacidad de aquel almacén vacío, el capataz se dirigió a él con un tono completamente distinto, con unos modales suaves en comparación con los gritos que había oído segundos antes.

—Escucha –le dijo–, soy un católico practicante, creo en la Biblia. Respeto tu religión y los sacrificios que los judíos hacéis por seguir vuestra fe. Te permitiré que hagas el *shofar*, te encerraré aquí con las herramientas que precises, así nadie verá lo que estás haciendo y estarás a salvo.

Unos días después, Moshe deslizó en las manos del maestro el *shofar* totalmente terminado.

El *Rosh Hashanah* por la mañana, antes de que los mandaran a trabajar, los fervientes fieles del barracón 14 –cuyos cuerpos estaban destrozados pero cuyas almas permanecían milagrosamente intactas– se levantaron temprano para escuchar las últimas *tekias shofar* del gran Rebe de Radoszyce, y aunque el *shofar* era improvisado y rudimentario, sus notas puras y reales llegaron a los corazones de los presos, subieron al cielo y rompieron sus puertas interiores.

A finales de mayo de 1944, mientras los soviets avanzaban hacia el oeste, los nazis empezaron los aniquilamientos en masa en Skarzysko-Kamienna. Los escasos supervivientes que quedaron fueron deportados a Czestochowa (un pequeño campo de trabajos forzados cercano) o a Buchenwald, entre ellos Moshe Waintreter. Pero lamentablemente no estaba el Rebe de Radoszyce. De los 25.000 o 30.000 judíos que llegaron a Skarzysko-Kamienna, murieron de 18.000 a 23.000, la mayoría de ellos eran judíos de Radoszyce.

Habiendo oído rumores de su inminente deportación, Moshe tuvo tiempo de volver a su viejo barracón y sacar el *shofar* de su escondite. Pudo llevarlo a Czestochowa, donde se aferró a él tanto como a su propia vida. Aunque los robos entre los prisioneros eran una triste realidad, Moshe pudo con increíble ingenio esconder el *shofar* tanto de los avispados ojos de sus compañeros como de los guardas del campo. Cada tarde, al volver del trabajo, Moshe acudía ansioso al escondite para comprobar que el *shofar* seguía allí, y, milagrosamente, allí estaba.

Quizás tenía un protección divina especial, pues había pertenecido al santo rabio de Radoszyce, pensaba Moshe, recordando las exquisitas notas del *shofar* que flotaban hasta el cielo. Moshe sabía que había hombres en los barracones que guardaban también pequeñas posesiones, pero estaba seguro de que ninguna era tan preciosa como el *shofar,* el único legado del rabino Yitzhak Finkler, un legado que Moshe estaba determinado a guardar a cualquier precio.

Un día, cuando estaba trabajando, le arrancaron de su puesto y le subieron a un tren rumbo a Buchenwald. Sintió que el corazón le estallaba en mil pedazos, no le importaba el destino que le aguardaba en el nuevo campo, lo que realmente le preocupaba era el destino del *shofar* que había dejado atrás.

No pudo dejar de lamentar su pérdida. Cuando fue liberado de Buchenwald, en abril de 1945, y la gente se maravillaba de la historia de su supervivencia, él lo atribuía todo a las *bracha* (bendiciones) que había recibido del maestro.

—Sé que las bendiciones del Rebe fueron las que me mantuvieron con vida –decía a todo el mundo–. Eso y nada más que eso.

Moshe anhelaba encontrar el *shofar,* si no fuera porque debía estar reducido a escombros y cenizas. Pero, inmediatamente después, la ayuda humanitaria entró en acción. Viajó a Italia, donde participó en la organización de la inmigración de judíos en barco hasta la orilla de Israel. Allí conoció a Ida, otra superviviente. Cuando acabó su tarea en Italia, la pareja se trasladó a Israel, donde Moshe siguió fiel a la religión judía con un fe inquebrantable.

Moshe empezó una nueva vida con Ida, quien le dio un hijo, y rápidamente se integró con éxito en su nuevo entorno. Todos los supervivientes cargaban, obviamente, con sus heridas, algunos calladamente, otros no tanto; y el pasado reciente pesaba en sus vidas por mucho que quisieran olvidarlo. Aparte de las terribles experiencias vividas, Moshe sobrellevaba además la pérdida del *shofar* de Radoszyce.

La dinastía de Radoszyce había desaparecido. El *shofar* era todo lo que quedaba, el único utensilio que testificaba el valor del Rebe y su grandeza, el único símbolo que representaba su extraordinaria resistencia espiritual durante el Holocausto. El *shofar* era el único vínculo físico con el maestro, y encontrarlo –llevarlo a Israel– era la única manera tangible de honrar la memoria del Rebe e inspirar a las gentes con su historia. De modo que Moshe se propuso encontrar el *shofar,* buscando en los cinco continentes, entre los supervivientes de Czestochowa, a cualquiera que supiera algo acerca del destino del *shofar* que tuvo involuntariamente que dejar atrás. Pero, aunque siguió la pista de varios antiguos compañeros del campo, ninguno sabía dónde estaba.

Moshe perseveró en su empeño, puso anuncios en los periódicos *yiddish,* escribió a las organizaciones de supervivientes del Holocausto, contactó con amigos de amigos de amigos... uno de éstos era Vladka Meed, una superviviente del gueto de Varsovia, una luchadora, esposa de Benjamin Meed, el conocido fundador y presidente de la Asociación Americana de Judíos Sobrevivientes del Holocausto y Descendientes. Pilar en el que confluían las múltiples historias del Holocausto, los Meed conocían oscuros retazos de información que nadie más conocía, eran depositarios de historias de gentes que no habían sido publicadas en ningún lugar. Un aciago día de mediados de los setenta, alguien contó a Vladka que a un eminente autor *yiddish* le habían hablado por casualidad de un rudo *shofar* en una visita a una comunidad judía de Czestochowa, en el año 1945. Los últimos repatriados de Czestochowa, los que habían elegido volver a sus casas en vez de emigrar a cualquier otro sitio, habían encontrado el *shofar* en un campo abandonado y no sabiendo qué hacer con él se lo habían regalado a aquel escritor.

Vladka siguió la pista de la viuda del escritor, que todavía poseía el *shofar* y la convenció de que se lo entregara. Después, llamó alborozada a Moshe y le dijo que su búsqueda de treinta años había terminado. Puesto que Vladka y Benjamin tenían ya billetes comprados para un próximo viaje a Israel, prometieron a Moshe que ellos mismos se los llevarían personalmente a su casa en Bnei Brak. Colocaron con sumo cuidado el *shofar* en su equipaje y lo facturaron en el mostrador de la línea aérea del aeropuerto de Nueva York.

Mientras la azafata les rellenaba las etiquetas de sus equipajes (eso era antes de que todo se hiciera por ordenador), Vladka tuvo un presentimiento repentino:

—¿Sabes qué? –le dijo a Benjamin–, no estoy muy segura de que debamos dejar en la maleta algo tan valioso como el *shofar,* quiero llevarlo conmigo.

Pidió a la azafata que le permitiera extraer el *shofar* de la maleta y lo metió en su voluminoso equipaje de mano. Al llegar al aeropuerto de Israel, se encontraron con que les habían perdido las maletas, y nunca las recuperaron. Fue la primera y única vez que un equipaje se había perdido y no se había recuperado, explicó Vladka después. Pero, por suerte, el *shofar* estaba a salvo, al igual que Moshe, su creador, era un superviviente.

En 1977, en una emotiva ceremonia, Moshe Waintreter presentó formalmente el *shofar* que había fabricado en Skarzysko-Kamienna y lo entregaba al Museo del Holocausto de Israel, Yad Vashem, donde permanece en una muestra permanente, rindiendo un tributo a la memoria del rabino Yitzhak Finkler. Si bien en el Yad Vashem hay muchas estanterías con diversas piezas judaicas que fueron construidas en los guetos, el *shofar* de Radoszyce tiene como característica inusual ser el único objeto ritual religioso que ha sido construido en un campo de concentración.

«Mi tarea ya ha finalizado –pensó Moshe–. Siempre que la gente acuda a la exposición y lea la placa que hay bajo el *shofar,* sabrá que hubo un hombre, el rabino Yitzhak Finkler, el gran Rebe de Radoszyce, que desafió una y otra vez a los nazis».

Pero la historia no acaba aquí, como sucede con la mayoría de las historias. Éstas tienen una manera de evolucionar, de asumir nuevas encarnaciones, de ampliar sus esferas de influencia y de sufrir cambios interminables, hasta que finalmente llegan a ser historias totalmente diferentes. Así es cómo la historia del *shofar* de Radoszyce pasó a ser una nueva leyenda para una segunda generación.

En 1994, Daniel Wise era un joven rabino que prestaba sus servicios en la sinagoga Desert, la primera sinagoga ortodoxa de Palm Springs, California. Los residentes judíos ortodoxos se resistían a anunciar su presencia en aquella fabulosa ciudad. El rabino Wise recuerda:

—No tenían demasiado entusiasmo en empezar a hacerlo… de hecho, las dos únicas cosas por las que la congregación se había movido eran por contar con la presencia de su más ilustre miembro ortodoxo, el autor de *best sellers* Herman Wouk, y por conseguir la ayuda filantrópica de Frank Sinatra (residente en Palm Springs). Pero en otros aspectos era un tanto decepcionante servir como rabino de esa congregación. Yo intentaba fomentar maneras innovadoras de despertar el interés de los fieles de cara a la cercana celebración del *Yamim Noraim* (Días Temibles), pero no encontraba ninguna idea estimulante que pudiera funcionar.

»Justo cuando estaba a punto de crear un plan que revitalizara la pasión religiosa de mi comunidad, leí una historia que hablaba de un insólito *shofar* que se hallaba en el Yad Vashem. Era consciente de que uno de los temas que todavía conmovía en cuerpo y alma a mis desmotivados fieles era el Holocausto. ¿Y si pudiera conseguir el *shofar* de Radoszyce y hacer que sonara en nuestra *shul* (sinagoga)? Presentía que una experiencia así tendría un gran impacto, y que valía la pena intentarlo. Descolgué el teléfono y llamé al Dr. Mordecai Paldiel (exdirector del Righteous Department de Yad Vashem), una de las autoridades israelíes más destacadas del Holocausto. «Sé que escuchar el sonido del *shofar* sería un acicate enorme para mis fieles. ¿Qué oportunidades tenemos de conseguirlo?», pregunté al Dr. Paldiel.

»Casual y milagrosamente, la hija del Dr. Paldiel vivía en Palm Springs, y él se mostró de acuerdo en traer el *shofar* cuando viniera a visitarla. Yo anhelaba conmover a los judíos residentes en Palm Springs, causar en ellos un impacto inolvidable. Así que llamé a una agente de prensa y le conté lo que estaba planeando, además de contarle brevemente la historia del *shofar*. Me escuchó en silencio y luego, finalmente, dijo: "No puede imaginarse lo que esta historia significa para mí. Soy una polaca católica, y usted me está contando una historia en la que un polaco católico fue quien ayudó a Moshe Waintreter a fabricar ese *shofar*. Continuaré su trabajo y le ayudaré a divulgar la historia".

»Durante el *Neilah* (el último servicio religioso antes de finalizar el *Yom Kippur*) me impactó ver a miles de personas que habían acudido a escuchar el *shofar* del Holocausto y que abarrotaban las calles que rodeaban la sinagoga. Todos los medios de comunicación estaban allí, periodistas, reporteros y cámaras llenaban el lugar. ¡Todo Palm Springs era judío!

»Me pidieron que fuera yo quien tocara el *shofar*, pero no me atreví, era un instrumento sagrado y no me sentía capacitado, de modo que cedí el honor a Larry Pitz, el presidente de nuestra sinagoga. Antes de tocarlo, Larry necesitó unos minutos para serenarse y acercárselo a los labios, temblaba y lloraba al mismo tiempo.

Me imaginaba que sería un *shofar* pequeño y que emitiría un sonido tenue, pero me equivocaba totalmente. Era un *shofar* de un tamaño considerable, pero lo más sorprendente fue su sonido. Potentes y bellas, salieron de él unas notas evocadoras, parecía el llanto de un millón y medio de niños. Todo el mundo —incluso los residentes de Palm Springs más desafectados— estaba visiblemente emocionado, las lágrimas fluían sin cesar. Fue un momento verdaderamente memorable.

Doce años después, en 2006, cuando el rabino Wise llevaba ya mucho tiempo fuera de Palm Springs, recibió una llamada telefónica inesperada, era de una pareja acaudalada que, habiendo quedado profundamente conmovida por la historia del *shofar* del Holocausto, había decidido subvencionar una película sobre ello. Estaban dispuestos a financiar todo el proyecto.

—Tendré que conseguir el permiso de Moshe Waintreter —dijo el rabino Wise—, déjenme que llame al Dr. Paldiel y averigüe si él tiene su teléfono.

Pero quien contestó la llamada no fue Moshe, sino una delicada Ida Waintreter, la cual dijo con voz trémula que Moshe había fallecido de un ataque al corazón a los setenta y cuatro años.

—Si desean obtener el permiso, diríjanse a mi hijo —añadió, y les dio el número de teléfono del único hijo de la pareja.

El hijo del Rebe fue muy amable y de inmediato concedió el permiso al rabino Wise. Le contó que al igual que muchos otros supervivientes su padre nunca hablaba de sus experiencias durante el Holocausto... hasta que la fiesta de un casamiento lo cambió todo.

Alguien había propuesto un *shidduch* (enlace) entre el hijo de Moshe y la hija de un superviviente del Holocausto que vivía en Canadá. Voló a Canadá para conocer a aquella mujer, y ambos pudieron ver claramente que estaban hechos el uno para el otro. Después de diversos encuentros, decidieron unirse. La fiesta del enlace se realizó en Canadá y su padre acudió para participar en aquella jubilosa celebración. El novio presentó a los dos *mechutanim* (suegros), pero en vez de saludarse calurosamente, como todo el mundo esperaba, ambos se quedaron expectantes, mirándose uno al otro en estado de shock.

Empezaron a sollozar, se abrazaron llorando de dolor y de alegría a un tiempo. Nadie sabía, ni el casamentero ni ninguna otra persona, que su futuro suegro no era ni más ni menos que Shloma, el místico judío que había hecho el zumo de remolacha para que el Rebe de Radoszyce celebrara la Pascua de 1943.

Esos dos hombres eran los dos únicos místicos de Radoszyce que habían sobrevivido en Skarzysko-Kamienna, tal y como el Rebe les había prometido.

El maestro de Radoszyce había bendecido a ambos y les había prometido que vivirían años mejores, y así fue. Pero nunca dijo una palabra acerca de que sus hijos se unirían en matrimonio.

Varias fuentes *(véanse* los créditos al final del libro),
narrado por Daniel S. Weis a las autoras

La rosa

A Fred le apreciaba mucho todo el mundo en su pueblo natal, donde ejercía como orientador en el instituto de secundaria.

Todos le describían como una persona cariñosa, dulce y amable, como «un caballero», pero tras su apacible temperamento se escondía un alma atribulada. Aunque tan sólo tenía unos cuarenta o como mucho cincuenta años (joven para mí), Fred tenía un aspecto demacrado y parecía mucho mayor. Tenía un problema serio que le afectaba a todos los niveles y creaba una gran angustia entre quienes le rodeaban: no podía dejar de beber alcohol. Y aún se entregó más a la bebida cuando a causa de ésta su matrimonio se deshizo. A pesar de los problemas de su padre, tras el divorcio sus hijas pasaban mucho tiempo con él. Fred sabía que mi marido y yo sentíamos una inclinación especial por las personas que nos llegaban al corazón y que nuestra casa estaba abierta a todo aquel que necesitara un lugar para vivir. Mi hija Ruthie solía reírse y asegurar que por las mañanas nunca sabía a quién iba a encontrarse durmiendo en la cama supletoria de su habitación. Así era nuestra casa. Las mujeres que escapaban de maridos maltratadores encontraban refugio en nuestro hogar (un hombre llegó a estrellar su coche contra nuestra casa cuando supo que su mujer estaba refugiada allí, noticia que salió en el periódico); y gente sin casa de todas las razas, colores y edades se alojaban gratuitamente en él; también adoptamos a un adolescente problemático, y hubo muchos más casos. Yo calculo que, con el paso de los años, hemos llegado a alojar a unas treinta y cinco personas, unas durante largas temporadas, y otras más cortas.

Fred estaba al corriente de lo que hacíamos, e imagino que pensaba que si él moría de improviso, nosotros cuidaríamos de sus hijas. Cuando eso ocurrió, no sé quién descubrió su cadáver pero fue hallado muerto en su piso. Howard, mi marido, que era el médico forense de la zona, determinó que había muerto de alcoholismo. No pudo despedirse de nadie.

Cumpliendo la promesa que hice a Fred, invité a sus hijas a casa, a vivir con nosotros. Era un arreglo momentáneo, pues yo sabía que con el tiempo ellas volverían con su madre. Estábamos en un *impasse* a la espera de que restablecieran el contacto con ella. Fred me había pedido que cuidara de sus hijas y yo estaba dispuesta a cumplir mi promesa.

Un día, poco después de que las muchachas se instalaran, cuando íbamos a hacer unos recados, vi que a un lado de la casa crecía una rosa magnífica. Era algo muy extraño porque en todo el jardín no había ni un solo rosal plantado. Yo no cultivaba flores. El día antes no había visto ninguna rosa, ni habíamos visto ninguna en el jardín durante los dieciocho años que llevábamos en aquella casa.

Quizás pueda pensarse que alguien misterioso había llegado en mitad de la noche y la había plantado allí, bien como una broma, bien como un regalo.

Aquella rosa, que crecía en la tierra, medía unos 30 centímetros. Era lo más extraño que había visto nunca, y causó un gran revuelo en el pueblo.

Los del periódico local fueron a casa para fotografiarla y… ¡la publicaron en portada! De modo que es algo que puedo demostrar, a pesar de lo raro que parece, se trata de una historia verídica, fotografiada y documentada para que los escépticos puedan comprobarla.

Pero, cuando llegó la primavera, la rosa había desaparecido… la nieve se había derretido y la tierra estaba esponjosa, no había ni rastro de ningún rosal ni de ninguna rosa. Y tampoco ninguna pista de cómo había llegado aquella rosa a mi casa, y cómo se las había arreglado para sobrevivir durante el duro invierno.

Siempre he pensado que aquella rosa milagrosa era Fred que nos decía adiós. Yo había mantenido mi promesa —sus amadas hijas estaban seguras en mi casa—, y sólo conozco a una persona que cultivara rosas cuando vivía: Fred.

JOAN OTTO

Amigos de la familia

*D*ebbie y Sarah tenían unas raíces geográficas y religiosas muy diferentes, pero cuando, a principios de los años ochenta, ambas fueron a vivir a la misma calle de North Hollywood, congeniaron de inmediato. Debbie era de Texas y Sarah de Toronto; el origen, la cultura y la mentalidad de cada una de ellas era muy diferente, pero aun así compartían intereses comunes y se hicieron buenas amigas. Ambas se habían casado muy jóvenes y habían tenido experiencias similares. A menudo charlaban de las maravillas y los retos de la crianza de los hijos; un día, tan sólo por relajarse y distraerse un poco, decidieron ir de compras a Loehmann's (una cadena de grandes almacenes, el nirvana para los buscadores de gangas, un lugar donde se afianzaba la amistad con la alegría de hacer buenas compras pero que ahora sólo funciona a través de internet).

En la época en que Debbie y Sarah iban de compras, Loehmann's estaba en pleno apogeo, los clientes inundaban los pasillos y las mujeres asaltaban la mercancía fresca aunque estuviera aún por desembalar. Un día, en una incursión especialmente exitosa, Debbie y Sarah salieron triunfantes del almacén, se habían enamorado de la misma falda, del mismo color, y ambas la habían comprado, cada una en su respectiva talla. No eran competitivas, y no creían que debían tener una prenda única y exclusiva. Lo que buscaban era una falda que les sentara bien y que se adaptara a sus necesidades.

Un año después, delante de la casa de una de ellas, estaban las dos charlando cuando Sarah dijo de repente:

—Oye, Debbie, me acabo de fijar en que hace tiempo que no te veo con tu falda, y sé que te gustaba mucho. ¿Qué ha pasado con ella?

—Ay, se me rompió –dijo Debbie apenada–, y no la pude arreglar. Me encantaba aquella falda. Pero, ahora que lo dices, yo tampoco veo que lleves la tuya. ¿Qué ha pasado?

—¡Vaya coincidencia –exclamó Sarah–, la mía también. ¿Cómo se rompió la tuya? Porque la mía se rompió de un modo tan extraño que es difícil de creer.

—Pues también se rompió de una manera muy extraña –dijo Debbie–, fui al cementerio a visitar la tumba de mis abuelos, pero la cancela estaba cerrada. No había ningún guarda y tampoco modo alguno de entrar. No era cuestión de darme la vuelta e irme después de haber hecho un camino tan largo, de modo que salté la valla. La falda se enganchó en un saliente y se rompió. Quedó hecha una pena, pero al menos pude presentar mi respeto a mis abuelos.

Sarah escuchó boquiabierta el relato de Debbie.

—No te lo vas a creer –le dijo–, pero mi falda se rompió exactamente así. Y en el mismo lugar. Fui a visitar la tumba de mis abuelos –lo cual hago cada año–, y el cementerio estaba cerrado. También salté la valla, y la falda se me rompió al intentarlo.

A Sarah se le puso la piel de gallina.

—Debbie –le dijo–, ¿a qué cementerio fuiste?

—¡Ah! Es uno que está en un pueblecito de la Costa Este, nadie de por aquí lo conoce.

—¿Qué pueblecito es? –le preguntó Sarah cada vez más nerviosa.

—¡Uy!, seguramente nunca habrás oído hablar de él. Se llama Vineland, y está en New Jersey.

—¡Debbie –gritó Sarah–, es el mismo cementerio! ¡Ahí es donde yo también me rompí la falda!

—Pero ¿cómo va a ser eso posible?

—Venga, Debbie –insistió Sarah–, ¿no te acuerdas de que mi padre está enterrado allí? Tenía una granja de pollos en Vineland, y vivimos allí un tiempo, hasta que cumplí los dos años. Tuvo un trágico accidente allí. Después, no fuimos a vivir a Toronto, donde me crié. Pero tú eres de Dallas, ¿a quién tienes en ese cementerio?

—A mis abuelos, ¡ellos también tenían una granja de pollos en Vineland!

—¡Nunca me lo habías dicho!

Las dos amigas se miraron desconcertadas.

—¡Es algo inaudito! –recuerda hoy día Sarah con cierto sobrecogimiento en la voz.

Sarah recuerda:

—La misma falda, el mismo acto de saltar la valla, el mismo cementerio. Yo no sabía que Debbie tenía parientes en Vineland, creía que procedía de Texas. Fue algo sensacional. Nos quedamos reflexionando acerca de aquella extraña coincidencia y nos preguntamos qué significaba. Estaba claro que compartíamos algo más que ser vecinas… pero no hubiéramos podido imaginar aquello. Hicimos conjeturas respecto a si mi padre y los abuelos de Debbie se conocían, aunque pertenecían a generaciones diferentes.

»Fue una experiencia bien extraña, y me quedé un tanto decepcionada de no poder extraer de ella ningún significado, ninguna lección. Estábamos seguras de que debía haber alguna, pero no pudimos llegar a ninguna conclusión. Pero aquella coincidencia acentuó aún más nuestra relación, reafirmó que nuestra amistad tenía unas raíces más profundas de las que inicialmente pensábamos.

»Intentamos investigar un poco para ver si nuestras familias habían estado conectadas de algún modo, pero hasta el día de hoy no hemos podido establecer ningún vínculo. Nos habría gustado haber llegado a alguna conclusión, pero hasta el momento el final de la historia sigue abierto. Ahora, cuando cada año voy a visitar la tumba de mi padre en Vineland, me detengo ante la tumba de los abuelos de Debbie, en aquel mismo cementerio, recito una oración, les saludo y les doy recuerdos de su nieta, mi amiga Debbie.

SARAH, *tal y como lo contó a las autoras*

Las 3,38 horas

$\mathcal{E}$l mes de abril de 2003 mi suegro estaba en los últimos días de su vida, llevaba siete años enfermo de Parkinson, y los tres o cuatro meses previos a su defunción sufrió de una manera terrible, como nunca había visto sufrir a nadie. Vivimos en California, y yo estaba preparando un viaje para ir a ver a mi padre y celebrar con él su fiesta de setenta y cinco cumpleaños; como mi mujer señaló tristemente después: «Vamos a celebrar el cumpleaños de tu padre a la vez que yo me preparo para la muerte del mío».

Llegué a Nueva York la noche antes de la fiesta y me fui a dormir. A la mañana siguiente me desperté con una llamada telefónica de mi esposa en la que me comunicó que su padre había muerto la noche anterior. Esperaba las lágrimas, pero lo que me contó después de los sollozos me dejó atónito.

La noche antes, mi esposa no podía dormir y fue a ver a nuestros hijos. La niña, que tenía cinco años, dormía a sus anchas, como siempre. Pero el niño, de ocho años, estaba extrañamente hecho un ovillo. Al acercarse a la cama vio en su cara una expresión que no había visto nunca en él, ni despierto ni dormido: tenía los ojos muy cerrados y apretados, y también los labios, como un pato. Era exactamente la misma expresión que mi suegro solía tener, más bien un hábito, algo que todos asociábamos a él.

Mi esposa miró el reloj, eran las 3,38. A la mañana siguiente, llamaron del hospital, que estaba a unos 60 kilómetros de casa, para decirle que mi suegro había muerto aquella misma madrugada, a las 3,38.

195

Mi hijo nunca volvió a tener aquella expresión. Y, como colofón de todo aquello, mi mujer estuvo despertándose a las 3,38 durante varias semanas.

Si bien la situación podría justificarse con un reloj biológico inconscientemente calibrado, aquella expresión de mi hijo, coincidiendo exactamente con el momento en que fallecía mi suegro, hizo que creyera que cuando muere el cuerpo existe cierta forma de conciencia. Fue sencillamente demasiado extraño, demasiado milagroso como para ser una mera coincidencia.

DAVID KUKOFF

Tiempo de bailar

*C*ualquiera que sufra la amargura de la infertilidad entiende perfectamente el dolor de una persona que anhela tener un hijo: es un dolor universal, sin límites. Pero la manera de expresar esa pena puede ser muy diferente, dependiendo de la cultura y el entorno de la persona que la sufre. En una cultura laica, en la que la gente habla libremente de ello y proliferan los grupos de autoayuda, la infertilidad es un tema que se debate abiertamente y no conlleva culpa alguna. Pero para los judíos ultraortodoxos, para quienes la familia es el núcleo de sus vidas, un mundo sin hijos es uno de los mayores debacles a los que pueden enfrentarse. Ese sentimiento de fracaso y vacío forma parte de la cultura de privacidad en la que viven. Las personas que viven en enclaves ultraortodoxos no hablan con la libertad que lo hacen las del «mundo exterior» que se encuentran en su misma situación. Sufren en silencio y, en consecuencia, no suelen tener a quien acudir en busca de ayuda.

En 1993, el rabino Shaul Rosen y su esposa, que sufrieron la pena de la infertilidad muchos años hasta tener la alegría de ser padres, decidieron exponer a la luz el problema y ayudar a otras parejas que sufrían esas circunstancias.

Empezaron ofreciendo una serie de servicios médicos de especialistas y también servicios sociales a parejas sin hijos, y su organización, a la que llamaron A TIME, floreció y pasó de ser una oficina casera a expandirse en modernos edificios con numerosos empleados. La necesidad era –y sigue siendo– enorme, mucho más de lo que en un principio habían supuesto, y como consecuencia A TIME pasó a ser una organización internacional con sedes en Estados Unidos, Israel, Inglaterra y Canadá. El esfuerzo que los Rosen dedicaron a la causa fue constante y apasionado. Su magnífica reputación creció del mismo modo en el mundo ultraortodoxo judío, donde son muy reconocidos por su integridad. Si bien la organización A TIME tenía la sede en Nueva York, acudían a ella personas de todo el mundo.

En 2001, los Rosen y sus socios, el rabino Naftali Weiss y su esposa Yocheved (que en paz descanse), volaron a Israel para lanzar una operación dirigida a las parejas sin hijos que reclamaban también ayuda en su país. Cuatro años más tarde organizaron un retiro en Tiberias (cerca del mar de Galilea) para cuarenta y cinco parejas israelíes que sufrían infertilidad. Pasaron todos un fin de semana en un hotel, siguiendo talleres, charlas y también momentos de relajación. El problema de la infertilidad es una carga pesada, y un poco de socialización y de recreo son medidas balsámicas para las almas de las parejas angustiadas.

Tiberias está a pocos kilómetros de la legendaria ciudad de Meron, lugar donde se encuentra la tumba del renombrado sabio Rabbi Shimon bar Yochai —el famoso rabino autor del Zohar, la gran obra mística de las revelaciones—, y allí acuden desde hace miles de años los religiosos judíos, un lugar donde los oradores pueden escuchar y presenciar milagros.

Miles de personas de todo el mundo realizan su peregrinaje hasta allí para pedir tener hijos, salud o solución a sus problemas físicos y emocionales. De modo que, dada su proximidad a Meron, era lógico que el itinerario de los participantes del encuentro A TIME incluyera un viaje a la tumba de Rabbi Shimon bar Yochai. Estaba previsto visitar la tumba el sábado por la noche y rezar ante ella, pero cuando llegaron se encontraron con que estaba abarrotada de turistas. Los participantes del taller, conscientes de su situación de parejas estériles, no se sentían cómodos al pedir tener hijos delante de sus cohortes religiosos (algunos de los cuales conocían); no estaban dispuestos a ser señalados y a provocar lástima.

Alguien sugirió al grupo cambiar de idea e ir a la tumba de Elazar, el hijo de Rabbi Shimon bar Yochai. Elazar es un santo por derecho propio, había permanecido fiel junto a su padre en una cueva durante los doce años que Rabbi Shimon tuvo que esconderse de los romanos, y allí ambos subsistieron con algarrobas y agua, dedicados a la lectura de textos sagrados. Los hombres del grupo acordaron que la zona que rodeaba la tumba de Rabbi Elazar era mucho más tranquila y más adecuada a sus propósitos. Y, formando un círculo, empezaron a cantar y a bailar. Puesto que deseaban seguir siendo discretos, en sus cánticos y oraciones evitaron hacer cualquier referencia a la maternidad.

Mientras los hombres bailaban, un individuo moreno con una chaqueta azul se aproximó al círculo, como si quisiera unirse a él. Separó las manos de dos de los hombres para entrar en el círculo y se las besó. Tras unos cuantos turnos, empezó a cantar una canción espiritual que contenía las palabras *zerach chaya v'kayam* (que en hebreo significan "hijos sanos" y de "larga vida"). Los hombres le miraron perturbados, ¿cómo lo sabía? No deseaban que la multitud allí presente supiera su condición de parejas infértiles. Mientras, aquel hombre seguía bailando con cada vez más fervor, yendo al medio del círculo e intentando llevar allí a los hombres, de uno en uno, para que bailaran con él. La mayoría de ellos se resistía, su extraño comportamiento les cohibía, pero él se las arregló para llevar a cuatro hombres al centro del círculo, para que bailaran con él. Al final de cada danza, besó a cada uno de ellos en la frente, y, cuando el baile acabó, sonrió a todo el grupo y desapareció tan misteriosamente como había llegado. Todos contemplaron aquella figura perplejos y boquiabiertos.

El rabino Rosen se dirigió al rabino Weiss y le dijo:

—¿No crees que hay algo muy extraño en todo esto? Lo que ha sucedido me parece raro. ¿De dónde ha salido ese hombre? ¿Cómo sabía que gran parte de los presentes éramos estériles? ¿Sabes que haré? Anotaré los nombres de las cuatro personas que bailaron con el extraño, así no me olvidaré.

Más tarde, de vuelta al hotel, el rabino Rosen sacó sus fichas y comprobó sus historiales médicos. Dos de los casos eran extremadamente difíciles, llevaban años en manos de médicos, sometidos a todo tipo de intervenciones, y todo había fallado. Los médicos dudaban de que hubiera cualquier tratamiento médico o intervención que pudiera ayudarles.

Al día siguiente, el grupo de israelíes participantes volvió a casa, y los rabinos Rosen y Weiss fueron a dar una vuelta por el mercado local. Pasaron cerca de un puesto lleno de retratos de sabios judíos y santos, y en uno de ellos había una inscripción en la que se leía que aquella figura era la de Rabbi Shimon bar Yochai.

—No sé si es Rabbi Shimon bar Yochai, pero de lo que estoy seguro es de que es igual al hombre que estuvo bailando con nosotros ayer por la noche –dijo el rabino Rogen.

Varios días después de aquel extraño suceso, los Rosen y los Weiss volvieron a Estados Unidos y se incorporaron a su vida cotidiana, sus familias, sus trabajos y su tarea en la organización A TIME. Unos cuantos meses después, recibieron una llamada de una de aquellas parejas en las que el hombre había estado bailando con el extraño personaje de Meron.

—¡Estamos embarazados! –dijo con gran alegría.

Una a una, fueron llamando todas las parejas en las que los maridos habían bailado en Meron con aquel hombre moreno para dar las buenísimas noticias. Las cuatro parejas que habían ansiado tener un hijo finalmente experimentaron la inmensa alegría de traer al mundo cuatro saludables bebés.

Algunos de ellos pusieron a su hijo el nombre de Shimon, en honor del milagro ocurrido en Meron.

Hoy por hoy todo el mundo sigue preguntándose: ¿quién era aquel hombre? El rabino Shaul Rosen y su esposa, Brany Rosen, cuentan la historia para hacer hincapié en el inconmensurable poder de la oración de aquellos que buscan desesperadamente un milagro. Desean transmitir esperanza a los desesperanzados y compartir su experiencia como testimonio real de lo que la oración puede conseguir. Y desean asimismo que la gente sea consciente de lo poco que sabemos de lo que realmente es cada persona, de quién es sagrado y de quién no lo es, y de que todo el mundo debe ser tratado con profundo respeto.

Cuando aquellos cuatro hombres aceptaron a aquel extranjero, le abrazaron y bailaron con él para honrarle –sólo porque era un ser humano–, sucedieron auténticos milagros. Y uno de esos milagros les sucedió a los mismos Rosen, pues el rabino Rosen fue uno de los que no quiso humillar al desconocido rechazando su invitación a bailar. Nueve meses más tarde, en el hogar de los Rosen sonó otro tipo de música: el jubiloso llanto de un recién nacido.

—Bastante tiempo antes de esta experiencia, nosotros, gracias a Dios, habíamos vencido la infertilidad y tenido cinco hijos. Hacía ya seis años del último embarazo, que acabó en un aborto, y pensábamos que ya no tendríamos más hijos –señala Brany Rosen–, así que con ese nuevo embarazo me quedé perpleja. Mi marido había bailado con el desconocido y también fuimos bendecidos.

RABBI SHAUL ROSEN y BRANY ROSEN,
tal y como lo contaron a las autoras

Un largo trayecto en taxi

*E*ra a finales de los setenta, Leslie Westreich había pasado por tres penosos años de estudios de derecho y un examen de aptitud para ejercer de abogado. Ahora iba a emprender sus primeras vacaciones en la empresa de abogados para la que trabajaba desde hacía poco. Anhelaba marchar fuera unos días. Decidió celebrarlo haciendo un viaje por Europa. Pero su lealtad a la familia le impuso hacer un pequeño ajuste en su itinerario. Decidió que, antes de recorrer el continente, se detendría en Israel para presentar sus respetos en la tumba de su abuelo, el cual había fallecido el año anterior.

En 1938, sus abuelos y sus cuatro hijas huyeron de Berlín, la capital de la Alemania nazi, e inmigraron a América. Tras la Guerra de los Seis Días, cuando sus hijas ya estaban casadas y establecidas, decidieron realizar el sueño de su vida y trasladarse de América a la *tierra prometida*. Allí era donde querían vivir y, finalmente, ser enterrados. Después de la muerte del abuelo, la abuela se mudó a Nueva York para irse a vivir con sus hijas, pero la familia de Leslie había seguido manteniendo el apartamento de Jerusalén, de modo que tenía donde alojarse.

La madre de Leslie le dijo que el abuelo estaba enterrado en una ciudad llamada Beit Shemesh, en un nuevo cementerio ashkenazí, y le dijo también que el cementerio era tan nuevo que no tenía indicaciones, pero que encontraría la tumba porque era de las pocas que estaba situada bajo un árbol.

Una vez en Israel, Leslie no quiso tener ningún problema en encontrar la tumba del abuelo y tomó un taxi para que le llevara a Beit Shemesh, pero el taxista le llevó a un antiguo cementerio sefardita y le insistió en que en la ciudad no había ningún otro. No pudo discutir con él, el viaje resultó en vano y Leslie volvió a Jerusalén.

Al día siguiente, Leslie subió a otro taxi y realizó de nuevo el largo recorrido. Esta vez tuvo cuidado y se aseguró de que el taxista conociera el cementerio ashkenazí de Beit Shemesh. Cuando Leslie llegó al cementerio empezó a caminar en busca de una tumba situada debajo de un árbol, la única pista que tenía para encontrar el lugar donde su abuelo estaba enterrado. Era un tórrido día de agosto, y el sol abrasaba sin piedad. Las pocas tumbas que había en el nuevo cementerio estaban totalmente desperdigadas. A pesar de las condiciones adversas, Leslie fue de tumba en tumba leyendo las inscripciones. Estaba muy acalorado y sediento, y a medida que pasaba el tiempo, más y más exhausto. No pudo encontrar la tumba. El taxista le esperaba pacientemente. Con el sudor que le corría por el rostro y totalmente descorazonado, Leslie pensó que no tenía más opción que abandonar la busca. Volvió al taxi y regresó a Jerusalén, al apartamento de sus abuelos, al número 30 de la calle Jabotinsky.

Al día siguiente decidió que no repetiría la experiencia de los dos días anteriores, y en lugar de ello pensó que iría a Kever Rachel, a la tumba de Rachel, la bíblica matriarca, un lugar que los judíos visitaban para rezar y abrir sus corazones. La tumba tenía una pequeña estructura abovedada que protegía del sol a los visitantes. Leslie pensó que iría allí, rezaría y evocaría el alma de su abuelo como si estuviera en su tumba.

Llamó a un taxi y le preguntó que cuánto le costaría ir a Kever Rachel. El taxista, un tipo vulgar que vestía unos tejanos, le dijo el precio en *lirot* (la moneda israelí de la época), el equivalente a unos 75 dólares (una suma elevada a finales de los setenta) para llevarle a un lugar que estaba a poco más de veinte minutos de Jerusalén.

—¿Está usted loco? –protestó Leslie–. ¡Es un precio escandaloso!

Los dos hombres empezaron a regatear. Y finalmente el taxista dijo:

—De acuerdo, le llevo por 22 dólares, pero sólo podrá estar allí diez minutos.

Leslie se encogió de hombros, sin tomarlo en serio. Salieron hacia Kever Rachel y llegaron sin problemas. Una vez allí, Leslie entró y empezó a rezar. El ambiente espiritual del lugar le transportó; leyó las palabras de su libro de oraciones y se sumergió en su profundo significado. Pensó en su abuelo y rezó por él. Habían pasado diez minutos, pero Leslie había perdido el sentido del tiempo y dejó pasar diez minutos más.

Cuando finalmente salió al resplandeciente sol del medio este, con el alma exaltada, se dio de bruces con la realidad, se encontró cara a cara con un taxista que echaba chispas.

—¡Dijimos sólo diez minutos! –gruñó ya dirigiéndose a la carretera principal hacia Jerusalén–. ¡Ahora el precio será 50 dólares!

No intercambiaron ninguna otra palabra. Leslie no veía el momento de llegar a casa y salir del taxi, el conductor era un mal bicho, pensó. Al aproximarse a la ciudad, el molesto taxista rompió el silencio y le preguntó:

—¿Dónde va?

—Calle Jabotinsky, número 30 –contestó Leslie.

Siguieron, y el taxista intervino de nuevo:

—Saba y Savta [nombres en hebreo de 'abuelo' y 'abuela', en plan cariñoso] vivían allí.

Si bien sintió curiosidad por la coincidencia, Leslie no quiso volver a enzarzarse con el taxista y permaneció en silencio pensando: «¿Creerá realmente este tío que a mí me interesa saber dónde vivían sus abuelos?».

Al cabo de unos minutos, el taxista le preguntó de nuevo a Leslie:

—¿En qué piso vive usted?

—En el segundo.

—Saba y Savta vivían en el segundo –contestó enseguida el taxista.

Leslie frunció el entrecejo. Sabía que en la segunda planta sólo había dos pisos. Uno pertenecía a sus abuelos, y el otro, a Daisy, una señora anciana que debía de tener ya cerca de cien años. ¿Tendría aquel taxista una abuela tan mayor?

—Saba y Savta se apedillaban Gewirtz –dijo el taxista.

Leslie casi se desmaya. ¡Sus abuelos se apedillaban Gewirtz! ¿Sería aquel taxista pariente suyo?

—¡No es posible que sea usted nieto de los Gewirtz! –dijo.

El taxista sonrió.

—Bueno, ya ve, soy taxista –dijo.

—En el año 1969, recogí en el aeropuerto a una adorable pareja con un montón de maletas, acababan de llegar a Israel y me dijeron que estaban haciendo la *Aliyah* [término utilizado para designar la inmigración judía a la Tierra de Israel]. Me dijeron que iban a la calle Jabotinsky, número 30, su nuevo piso en Jesuralén.

»Camino de la ciudad, el anciano me contó con gran emoción que finalmente había realizado su gran sueño de vivir en Israel. Había sobrevivido al Holocausto, había formado su hogar y su familia en América, pero siempre había querido vivir en Israel.

»Me conmovió mucho aquel anciano y su gran amor por Tierra santa. En el trayecto al número 30 de la calle Jabotinsky yo me sentí emocionado con la pareja. Llegamos al destino, bajé todas las maletas, y, claro, no iba a permitir que se dieran la paliza de subir todo el equipaje ellos solos. Les subí las maletas, y al abrir la puerta de la casa vi que, aunque habían llegado todos los muebles, aún estaba todo embalado. Y pensé: «¿Cómo les voy a dejar en una situación así? No podrán hacerlo ellos solos». El día siguiente era ya viernes, justo antes del *Sabbath*. Me pasé el resto de la tarde ayudándoles a instalarse en su nueva casa. Fue un trabajo enorme, y cuando terminé les pedí que me abonaran el trayecto del aeropuerto a la ciudad. Su abuela me dijo:

—Primero tienes que venir mañana *[Erev Shabbat]* a por un poco de sopa de pollo, después te pagaré el trayecto.

Volví al día siguiente. Ella me sirvió la sopa de pollo y luego me pagó. Después de aquel día nos sentimos muy cercanos, me convertí en su chófer particular, les llevaba a cualquier lugar donde querían ir, y siempre les llamada Saba y Savta [abuelo y abuela].

Leslie, en el asiento de atrás, estaba perplejo. Lo que le sorprendía no era que sus abuelos, de gran bondad y generosidad, hubieran hecho amistad con un israelí tan diferente de ellos, sino la posibilidad de que él hubiera coincidido en el taxi de ese hombre. Leslie dejó reposar aquellos pensamientos, miró al taxista con otros ojos y le preguntó:

—¿Es posible que sepa usted dónde está enterrado mi abuelo?

El hombre lanzó un bufido.

—¿Que si sé dónde está enterrado? ¿Que si lo sé?

Abrió el compartimento del coche y extrajo un libro de Salmos muy usado y una kipá. Abrió el libro de oraciones y le mostró a Leslie una hoja que había en el interior.

—¿Conoce este nombre? –le preguntó.

—Por supuesto que lo conozco –dijo Leslie, profundamente sorprendido–, es el nombre de mi tía.

—Exactamente –dijo el taxista–, su tía vino a Israel, me dio cien dólares y me hizo prometer que iría regularmente a la tumba de su abuelo en nombre de la familia. Y eso es lo que hago.

El que fuera chófer particular de la anciana pareja hizo de chófer particular de su nieto, le acompañó al cementerio, a aquel lugar por el que Leslie había viajado, y juntos rezaron ante la tumba del Saba.

LESLIE WESTREICH, *tal y como lo contó a las autoras*

Sólo cinco minutos más

$\mathcal{U}$nos seis meses después de la muerte de mi padre, mi sobrina dio a luz un niño al que le pusieron su nombre. En mi familia se habló mucho de la bendición que eso suponía para el alma de mi padre, de lo estupendo que era que alguien llevara su nombre, de que todos rezaríamos para que el niño heredara los buenos rasgos del carácter de mi padre… y, claro está, de que como había sido el primer niño de la pareja tendríamos la oportunidad de realizar un *pidyon haben* (ritual judío asociado al nacimiento del primer hijo varón).

Pero yo sólo escuchaba a medias todo aquello, pues sólo pensaba en que cuando el niño pasara por el *bris*[2] y recibiera un nombre mi padre desaparecería realmente. Aquello sería poner el punto final a la desaparición de mi padre. Yo ya no podría seguir imaginándome que se había ido de viaje y que volvería pronto. Se trataba de un hecho real.

Aquella semana estuve dándole vueltas a la cabeza, conviviendo con la rabia que aquella inocente criatura me había provocado. No, no, yo no quería asistir al *bris*. No me importaba lo bonito que era el bebé. Era mi padre… y yo quería que regresara. ¡Dejadme al menos cinco minutos más con mi padre!

Me preocupaba compartir mis sentimientos con mi familia, después de todo, ¿acaso no estaba contenta de que el niño llevara el nombre de mi padre? ¿No me hacía feliz volver a ser tía? (Soy realmente una

---

2. Circuncisión ritual que se practica al varón judío al octavo día de haber nacido. *(N. de la T.)*.

tía estupenda). No creía que nadie pudiera comprender mis sentimientos, de modo que no los compartiría. Y entonces me entró la llorera. La pena y la pérdida combinadas con la finalidad de todo aquello.

Lloraba cuando fregaba los platos.

Lloraba cuando ponía una lavadora en marcha.

Lloraba mientras cocinaba unos platos salados y acuosos.

Lloraba cuando me sentaba en el metro con el periódico.

Lloraba al descolgar el teléfono para comprar una entrada para un concierto *chazanut* (canciones litúrgicas judías), pues a mi padre le encantaba.

Lloraba nuevamente cuando me acordaba de lo ocurrido.

El *bris* se acercaba, la llorera iba a peor, y yo no encontraba la manera de calmarme. Lo único que pensaba era: «¡…Si al menos tuviera cinco minutos para estar con mi padre!».

Dos noches antes del ritual se me apareció mi padre en sueños. No estoy muy segura de lo que yo esperaba, pero no tenía alas, ni halo, ni tampoco un aura. Su aspecto era… pues el suyo. Llevaba su chaqueta de pata de gallo, su sombrero y sus zapatos de diario. Era como si fuera un día laboral, pero no lo era, y yo lo sabía en el sueño.

—¡Totty! –dije, y fui corriendo a abrazarle. Sentí su calor.

—Mamala –me dijo–, estaré sólo un ratito. ¿Quieres dar un paseo?

Me subía a su Avalon, en el asiento de al lado del conductor. Me felicitaba a mí misma: ¡iba a estar un rato a solas con Totty!

Mi padre nunca fue demasiado hablador, así que hablé yo todo el tiempo, como un niño de cinco años.

—¿Cómo te va allí arriba, Totty, estás contento?, ¿nos añoras? ¡Nosotros te extrañamos muchísimo, Totty! ¿Es verdad que estás cerca del *Kisei HaKavod* (El Trono de la Gloria)? ¿Sabes lo del niño?

Y así seguí y seguí… apenas me di cuenta de que había desaparecido, y entonces me desperté.

No necesité respuestas a mis preguntas. Le vi feliz, y su abrazo sincero me demostró lo mucho que me extrañaba. Y por supuesto que sabía lo del niño, ¿cómo no iba a saberlo?

Tenía reserva hecha en el mismo «vuelo» que Eliyahu Hanavi (el profeta Elías) para asistir al *bris*.

Aquella mañana me levanté con una sensación de satisfacción. Seguí el día con una melodía en el corazón y alas en los pies, estaba totalmente agradecida a mi padre por haber cumplido mis deseos, y pensé que el «viaje» debió de ser largo y penoso. Llegó la mañana del *bris*, yo estaba preparada, física, emocional y espiritualmente. Aquella mañana mis oraciones tuvieron una profundidad que nunca antes había experimentado. Cuando el abuelo anunció el nombre del niño, toda la familia lloró, menos yo. Me invadía una sensación de paz. Mi padre nos había dejado, pero realmente no se había ido. Allí estaría su biznieto para mantener viva su memoria y su legado.

Yo sigo siendo su hija (¿favorita?) y él sigue siendo mi adorado padre. Fijaos cómo bajó de los cielos para atender mi súplica de estar tan sólo cinco minutos más con él.

CHAYA SARAH STARK

Jimmy

*D*urante tres generaciones, los Sánchez no tuvieron hijos varones, así que cuando Alina dió a luz finalmente un niño, los abuelos se alegraron muchísimo.

—No había nada que no hicieran por Jimmy —recuerda nostálgicamente Alina—, vivían prácticamente para él, le mimaban, le protegían, le consentían, le cuidaban y le visitaban muy a menudo. Su amor por él era incondicional.

Cuando Jimmy tenía tan sólo dos años, murió su bisabuelo, por ello con la que tenía más contacto era con su bisabuela Magda (a la que llamaba Aba).

Magda era muy vieja en años, pero muy joven en espíritu. Era una típica bisabuela en lo que se refiere a ser cariñosa, amable, tierna y a elaborar unos pasteles deliciosos. Pero era atípica porque ella fue la que enseñó a Jimmy a saltar una valla, a montar en bicicleta y a ir en patinete por la calle. Todo el mundo se maravillaba por la conexión y afinidad que existía entre ellos. Incluso cuando Jimmy se hizo adolescente, edad en que los chicos de su edad perdían interés por sus mayores, perduró en él el profundo amor que sentía por su bisabuela.

En 1994, cuando Jimmy tenía veintidós años, resultó abatido en un tiroteo, resultado de una absurda refriega callejera. Le disparó en el corazón un muchacho de diecinueve años que quería su reloj. Alina no sabía cómo contar a su abuela que Jimmy había muerto.

—Pensé que se derrumbaría, pero al final fue ella la que me consoló, más que nadie. Estaba totalmente pendiente de mí, yo no habría podido salir adelante sin su ayuda.

En 1999, cinco años más tarde, a la edad de noventa y cinco años, murió Magda Sánchez.

—Tuvo una vida plena, y todos estábamos muy agradecidos por haber compartido tantos años con ella, pero aun así ¿cómo no sentir tristeza? Habíamos perdido a nuestra amada Aba, y todos sentíamos un gran dolor.

La noche antes del funeral, nos reunimos en el tanatorio. La capilla tenía diversas salas, y cuando llegó el momento de irse, Alina usó la llave del director de la capilla para cerrar la sala donde se hallaba el ataúd de Magda.

Y entonces fue cuando se fijó en que allí estaba el libro de condolencias que los visitantes piden para anotar unas palabras antes de entrar a presentar sus respetos al finado.

—¿Qué debemos hacer con el libro de condolencias? –preguntó consternada la madre de Alina.

—Dejémoslo aquí, ya lo recogeremos mañana al acabar el funeral, ¿no?

—¿Estás segura de que eso es lo correcto? –dijo su madre inquieta–, quizás nos lo deberíamos llevar a casa esta noche.

La preocupación de su madre hizo que Alina echara un vistazo al libro y viera por encima los nombres que había en sus páginas.

—Nunca me había fijado en el libro de condolencias –recuerda Alina–, pero algo hizo que le echara un vistazo, la preocupación de mi madre, tal vez.

Al día siguiente, la familia volvió a la funeraria para reunirse allí e ir todos junto a la iglesia donde se celebraría la misa.

—Yo fui la primera en llegar, la única que tenía la llave de la sala. Al entrar vi que una amiga de mi madre estaba esperando que abriéramos la puerta, la saludé, abrí y me encaminé directamente al libro de condolencias.

En retrospectiva, Alina seguía preocupada por lo que hizo.

—Yo no tenía la costumbre de examinar esos libros de firmas –insistió de nuevo–, no me interesaban en lo más mínimo.

Pero la inquietud de su madre la noche anterior hizo que se acercara a él para comprobar que estaba intacto. Entonces fue cuando vio la primera anotación.

Vio escrito JIMMY FENTON —con una crucecita al lado indicando que había fallecido—, con una letra infantil, justo debajo de la firma R---, el último nombre que aparecía escrito la noche anterior, cuando Alina lo cerró.

—La escritura no era la de un adulto —dijo Alina—, estaba claro que pertenecía a un muchacho, y recordé el modo particular en que Jimmy solía firmar cuando iba al colegio.

Contemplando atónita aquella firma, Alina pensó que iba a desmayarse. Temblando, se dirigió hacia la mujer que había entrado con ella en la capilla.

—¿Había alguien cerca o fuera de la capilla cuando usted entró? —le preguntó.

—No —le contestó la mujer, desconcertada por la pregunta de Alina.

—¿Se fijó si había esta firma en el libro? —le preguntó señalando la firma de Jimmy.

—Sí —dijo la mujer—, por eso puse mi nombre dos líneas más abajo.

—¿Y no vio a nadie por aquí cerca antes? —insistió Alina.

—No, desde luego que no. ¿Sucede algo?

Cuando unos minutos más tarde llegaron la hija de Alina y su marido, se abalanzó sobre ellos frenéticamente insistiendo en saber si alguno de ellos había firmado en el libro con el nombre de Jimmy.

La miraron estupefactos.

—¿Por qué íbamos a hacer algo así?

Nadie entendía quién ni por qué alguien habría gastado una broma así.

Cuando Alina volvió aquel día a casa con el libro de condolencias en la mano, se puso a buscar un álbum de recortes que había ayudado a hacer a Magda durante los últimos años de su vida, un álbum que contenía viejas fotografías, recuerdos, cartas antiguas. También había una vieja postal de San Valentín que Jimmy había dado a su querida Aba cuando tenía tan sólo ocho años. Alina sacó aquella postal del álbum, la abrió y observó la letra. Después abrió el libro de condolencias por la página donde estaba la anotación de Jimmy. La letra era exactamente la misma.

—Jimmy tenía una letra muy característica –dijo Alina–, no se parecía en nada a la de otros niños, era especial, única, inconfundible.

Ante semejante evidencia, Alina no podía más que llegar a una conclusión: Jimmy había querido tanto a su bisabuela que quiso ir a presentarle sus respetos el día del funeral. Y amaba tanto a su familia que había querido reunirse con ellos para compartir su pena.

Alina interpreta aquel desconcertante suceso de este modo:

—Sentimos que nos han enviado una señal desde arriba, reafirmada por Jimmy, de que él aún estaba entre nosotros y de que algún día nos reuniríamos todos.

ALINA S. FENTON

El milagro de la facultad de medicina

athan Stein siempre había soñado desde niño con ser médico, pero fue un sueño que al principio tuvo que postergar y abandonar por completo más tarde. Cuando Nathan llevaba sólo un año en la universidad, la crisis de la Gran Depresión golpeó de lleno a su familia, al igual que sucedió con millones de personas. Forzado a abandonar sus estudios y a buscar un trabajo, Nathan vio cómo sus sueños se desvanecían. «Quizás algún día, uno de mis hijos o uno de los hijos de mis hijos llegue a ser el médico que yo no pude ser», se lamentaba.

Décadas más tarde, Nathan empezó a ver despuntar sus sueños en su nieto Kevin Ladin, con quien tenía una relación muy especial.

—Kevin –le decía una y otra vez–, deseo que llegues a ser el médico que yo siempre quise ser. –Lamentablemente, Nathan Stein murió cuando Kevin tenía sólo nueve años. Pero los sueños de su abuelo perduraron en Kevin y éste se comprometió desde muy joven a conseguir lo que Nathan Stein no había logrado. Deseaba con pasión convertirse en médico y curar a los enfermos. A medida que el tiempo pasaba, el sueño se arraigaba más y más en su ser, en su mente y en su alma.

Pero ¿cómo conseguiría el dinero para entrar en la facultad de medicina? Cuando con veintitrés años finalizó los estudios previos en la Pennsylvania State University empezó a solicitar plaza en diversas facultades de medicina, aunque ¿cómo pagaría los quince mil dólares de la matrícula del primer año? Sus padres, que trabajaban ambos como agentes inmobiliarios, se esforzaban al máximo por conseguir dinero vendiendo casas.

Un día, el padre de Kevin, Sherman Ladin, vio un anuncio en el periódico local en el que un propietario intentaba vender su residencia.

—Por lo general, no llamo a particulares que se anuncian por su cuenta –explicó más tarde Sherman al *Philadelphia Inquirer*.

Según parece sintió un impulso repentino de llamar a aquel número de teléfono, algo que no podía explicar. No solía abordar los negocios de ese modo.

Los propietarios tampoco estuvieron demasiado receptivos a su llamada. Deseaban vender la propiedad por su cuenta y ahorrarse la comisión de un agente inmobiliario. Dijeron a Sherman que iban a esperar unas cuantas semanas para ver qué acogida tenía su anuncio, y le prometieron que si no la podían vender le llamarían. Y así lo hicieron, llamaron a Sherman y acordaron enseñarle la casa un jueves. La cita se formalizó y Sherman la anotó en su agenda. Cuando se lo dijo a su mujer, ésta le contestó:

—¡Cómo!, ¿has olvidado que el jueves vamos a Atlantic City?, tienes que cambiar esa cita.

Sherman llamó a los propietarios y acordaron encontrarse el lunes a las 3 de la tarde.

—¡Perfecto, entonces, ¡a las tres en punto! –les dijo.

Pero a última hora de ese mismo día, los propietarios le llamaron y le dijeron que tenían que cambiar la hora. Así que la tercera –y última– cita fue para el lunes a las 11 de la mañana.

—Al llegar a la casa, cuya dirección me habían dado por teléfono, tuve un sobresalto; al acercarme a la puerta me di cuenta de que en aquella casa mis suegros habían vivido hacía quince años, y tuve una sensación muy extraña –recordaba Sherman.

Cuando los actuales propietarios le abrieron la puerta le hicieron pasar al recibidor y él empezó a contarles la extraña coincidencia. Apenas había empezado a hablar cuando sonó el timbre de la puerta.

—No, no lo siento, debe haber un error —oyó que el dueño decía al mensajero que estaba en la puerta con un certificado en la mano—, aquí no hay nadie con ese nombre, nunca hemos oído hablar de Nathan Stein…

Sherman Ladin saltó de la silla.

—¡Eh, ése era mi suegro! —exclamó. Le dijo al hombre que el destinatario era su suegro y que llevaba catorce años muerto, después se ofreció a firmar él el documento, que resultó ser de un banco.

Se trataba de una cuenta inactiva que nunca se había reclamado. Una cuenta bancaria de Nathan Stein de la que nadie —ni su esposa, ni su hija, ni su yerno— tenía conocimiento. Se trataba de una cuenta que pasaría al estado si no la reclamaba nadie, una cuenta de… quince mil dólares: la cifra exacta que Kevin necesitaba para pagar la matrícula de la facultad de medicina.

—Estoy convencida de que mi padre quería que mi marido estuviera en aquella vieja casa justo en el momento en que llegó el correo certificado —contaba Shirley Ladin, la hija de Nathan, a los periodistas—, tuvo que ser eso, ¿qué otra explicación se puede encontrar? Su marido estaba totalmente de acuerdo.

—Llegué a aquella casa en el preciso momento para que Kevin pudiera contar con el dinero para estudiar su primer año en la facultad de medicina —les dijo Sherman Ladin.

—Mi padre siempre estuvo con nosotros para que todo fuera bien —añadió Shirley Ladin—, no tengo duda alguna de que mi padre fue quien hizo que eso ocurriera y que siempre nos está cuidando.

YITTA HALBERSTAM, *por cortesía de Sherman Ladin*

La rosa más grande

*D*urante quince años vi florecer rosas desde la ventana de mi cocina. Me encantaban aquellos magníficos ejemplares, pero nunca las cortaba para tenerlas en casa. Por extraño que parezca, sólo duraban unos pocos días por temporada, enseguida los pétalos empezaban a caer y las rosas desaparecían.

Un verano hubo sequía y aquella bellas rosas no florecieron. Y además yo había olvidado regarlas porque estaba sumida en la tristeza; mi adorada madre –que fue mi amiga, mi maestra, mi confidente– llevaba meses gravemente enferma y yo estaba deshecha y desesperanzada. Finalmente, un sofocante día de junio, pasó lo inevitable: mi madre falleció.

El día del funeral la tierra estaba totalmente seca, pues la temperatura era de 38 ºC. Al volver a casa, fui recibida por la más magnífica y bella rosa roja que había visto nunca. ¡No sólo era espléndida sino que además era enorme! Una rosa así no podía haber adquirido ese tamaño pasando desapercibida. Hoy sé positivamente, como lo supe entonces, que aquella rosa no existía antes del funeral de mi madre, apareció, como por arte de magia, justo después de que mi madre fuera enterrada. Todos los que venían a casa, la semana después de su muerte, a darme las condolencias quedaban maravillados por el tamaño y la belleza de la rosa. Cada mañana me asomaba a la ventana de la cocina esperando ver los pétalos en el suelo, pero la rosa seguía intacta. Ni a la semana siguiente, ni a la otra, ni en todo un mes tras su muerte se cayó ni un solo pétalo.

Uno de aquellos días secos y calurosos, sin brisa alguna, estando mi hijo, mi hija y yo sentados en el patio de casa, la rosa empezó a agitarse en su rama delante de nuestros ojos. De inmediato nos dimos cuenta de que ninguna otra rama se movía, ni tampoco las hierbas. Nos quedamos sobrecogidos, temiendo respirar para no romper el encanto de la escena. Después, uno de mis hijos dijo:

—Creo que la abuela está intentando decirnos algo, vamos a descifrarlo.

Cuando describí lo ocurrido a un amigo rabino, me explicó que los milagros suceden a diario, que Dios nos envía mensajes por medio de la naturaleza, y que debemos estar abiertos a recibirlos. Y me dijo de la manera más natural:

—Por supuesto que esa rosa es un mensaje de tu madre. Te está diciendo que no te preocupes por ella, pues ahora está bien, en un lugar grandioso y bello.

Y así fue cómo la rosa siguió viviendo, derramando belleza y generando recuerdos. Cuando finalmente llegó el momento de su marcha, tras ocho meses reconfortantes, los pétalos no se fueron cayendo de uno en uno, la rosa se marchitó, se volvió oscura, y permaneció completamente intacta. Allí siguió hasta que mi jardinero cortó el rosal, yo había olvidado contarle la historia de mi querida madre y del mensaje especial que había enviado con aquella milagrosa rosa. A menudo me pregunto qué hubiera sucedido con aquella rosa si mi jardinero hubiera dejado que la naturaleza siguiera su curso.

GAIL RAAB

La celestina

Cuando Naomi Schur,[3] una madre sola, viajó por primera vez a Israel en 1978 con su hijo Jason, de nueve años, tuvo que tomar dos decisiones: dar a su hijo una educación judía y formarse ella misma como judía. Consiguió esos dos objetivos inscribiendo a Jason en una escuela de Jerusalén mientras que ella se matriculó en una *yeshiva* (centro de estudios de la Torah) para «retornados al judaísmo». Madre e hijo se adaptaron muy bien al nuevo entorno, no experimentaron un choque cultural sino que se sintieron como si hubieran vuelto «a casa».

El paso de Naomi por la *yeshiva* fue fácil gracias a la cálida acogida que recibió. Tanto los profesores del centro como sus compañeros la aceptaron y recibieron con gran amabilidad. Pero de todos los profesores sobresalió un rabino por su especial dedicación a la integración de Naomi, a la cual invitaba frecuentemente a su casa, con su mujer y sus hijos, para celebrar el *Shabbat*.

—Pasábamos mucho tiempo en casa de los Levinson –recuerda Naomi–, llevaban un estilo de vida americana que nos era muy familiar. Uno de sus hijos era de la edad de Jason y se hicieron muy amigos. Nos sentíamos parte de la familia. Ruth, la esposa del rabino, era una persona magnífica, y llegamos a ser buenas amigas.

---

3. Todos los nombres son pseudónimos.

Seis años después, Naomi y Jason volvieron a Boston, donde ella retomó su carrera de profesora universitaria y Jason siguió con sus estudios judíos en la Maimonides School.

—Me fui de Israel el 17 de mayo de 1984 —recuerda Naomi—, hace exactamente treinta años, dos meses y doce días.

Para ella, la Tierra Sagrada era su hogar, y la vida en Boston era un exilio autoimpuesto.

Naomi contaba día a día el tiempo que llevaba fuera. Lamentablemente los Shur y los Levinson perdieron el contacto, y en el año 2000 alguien dijo a Naomi que Ruth había muerto de un cáncer de mama. A Naomi le dolió que el vínculo se hubiera perdido con los años y no haber estado con Ruth cuando ella lo necesitaba, pero antes de que pudiera hacerle llegar las condolencias al rabino Levinson le dijeron que éste se había vuelto a casar. Según parece, antes de su muerte, Ruth había expresado la preocupación de que su marido no pudiera valerse por sí mismo, y había insistido en que encontrara una esposa idónea lo más rápidamente posible. Y así lo hizo unos meses más tarde de la muerte de Ruth.

Entonces Naomi creyó que ahora era ya inapropiado hacerle llegar su pésame y se abstuvo de contactar con él.

Pero la noche del 22 de mayo de 2014, Ruth se apareció a Naomi en sueños.

—Naomi —le dijo con firmeza—, has estado un tanto desaparecida. Tienes que seguir en contacto.

Naomi le contestó:

—No quiero ser desconsiderada, pero ahora tú ya no estás, y tu marido es un hombre. No sería adecuado que yo me acercara a él.

—Tienes razón —le contestó Ruth—, pero aun así tienes que contactar con él…

Después desapareció.

Naomi recordaba perfectamente la fecha de aquel sueño, 22 de mayo, porque era una fecha importante para ella, era el *yahrtzeit* de la muerte de su padre, algo que ella siempre tenía en cuenta.

En un principio Naomi ignoró el mensaje de Ruth, pero finalmente se vio impulsada a seguir las «órdenes» de su amiga. Buscó en la página web *yeshiva* la dirección electrónica del rabino Levinson y le envió una fotografía de su hijo, de ella y del resto de su familia, vestidos con atuendos religiosos, dándole *nachas* (alegría y satisfacción), diciéndole que el esfuerzo que había hecho la familia Levinson hacia ellos no había sido en vano, y que todos esos años habían seguido cumpliendo las prácticas religiosas.

El rabino le contestó con un amable correo en el que le daba las gracias por la fotografía y le contaba que se estaba recuperando de un terrible accidente de coche. Lo peor es que su segunda mujer había fallecido de las heridas sufridas en aquel mismo accidente, él estaba de duelo.

Naomi se sintió mal y le escribió de nuevo. Enseguida sus correos fueron diarios, y después empezaron a hablar por teléfono.

—Todo ese tiempo rogué a Dios que enviara al rabino alguien que se ocupara de él. Está solo –lloraba–, debes enviarle su *bashert* (alma gemela). Pero nunca pensé que fuera *yo*.

Un día el rabino se lo propuso por teléfono.

—Me quedé estupefacta. No creí ser candidata a ser esposa… yo era una profesora universitaria de sesenta años con unos ingresos altos. Nunca pensé que me volvería a casar. Pero, según parece, Ruth estaba ocupada en el cielo, cortando el bacalao y cuidando de su marido como fielmente había hecho en la tierra. Y sé que eso fue así porque el accidente de coche sucedió exactamente el mismo día y a la misma hora que Ruth se me apareció en sueños.

ANÓNIMO, *tal y como fue contado a las autoras*

Los poemas de mi padre

Nunca me parecí a mi madre, en cambio, heredé los rasgos de mi padre. Nuestros rostros eran prácticamente idénticos, teníamos los ojos del mismo color avellana, y éramos ambos igual de anchos de espalda (lo único que no me gustaba). Podía decirse que estábamos esculpidos en la misma piedra. Pero más allá de la similitud física, nuestras almas estaban extraordinariamente unidas; teníamos un vínculo tan estrecho que a veces pensaba que deberíamos ser almas gemelas.

Cuando mi padre falleció yo tenía treinta años, estaba casada y era madre, pero el shock que me produjo su muerte fue terrible, a pesar de la virtud de la madurez, de mi estatus y de la maternidad. «¿Qué años tenía él entonces?», se preguntaría alguien insensible, como si importara la edad a la que mueren los padres (se cree que es normal estar apenado si son jóvenes, pero si son ancianos la creencia es que no tiene por qué haber un duelo excesivo). Cuando sucedió, mi padre tenía tan sólo sesenta y dos años, sí, demasiado joven para dejar este mundo.

Una de las costumbres más sensatas y reconfortantes de la tradición judía es la *shivá:* los siete días de duelo oficial durante los que se da a la familia del difunto la oportunidad de asumir el estatus de dolientes y –lo que es más importante– permiso para sufrir la pena. Durante ese tiempo, la familia permanece «secuestrada» en la casa y los visitantes acuden para mostrarles su simpatía y ofrecerles consuelo.

El tercer día de la *shiva* hubo un descanso de visitantes y me retiré a la cocina buscando meditar tranquilamente. Entonces fue cuando me fijé por primera vez en el montón de papeles, escritos con los amados e inconfundibles trazos delgados e inseguros de mi padre, que había sobre la mesa de la cocina. Empecé a hojear aquella pila de escritos con manos temblorosas. Unos días antes no les hubiera prestado atención, pero ahora se habían transformado en preciosas reliquias. Tenían garabatos, anotaciones en los márgenes y manchas de café que descolorían los bordes. Sólo hacía unos días que mi padre aún estaba lleno de vida. Ahora ya no se encontraba entre nosotros e, irónicamente, lo que seguía testimoniando su existencia eran objetos inanimados y parafernalia sin vida.

Busqué entre aquellos papeles pistas sobre sus últimos días. ¿Qué era exactamente lo que esperaba encontrar? Quizá, como cualquier otro afligido (de cualquier edad), buscaba alguna señal de que la fuerza vital de mi padre no había desaparecido por completo. La mayoría de los papeles eran intrascendentes, pero me encontré una página que hizo que los dedos me quedaran rígidos y se me detuviera el corazón.

Se trataba de un poema en *yiddish* que mi padre (un prolífico escritor en esa lengua) había escrito justo antes de su muerte, un poema que ninguno de nosotros conocía. Se me heló la sangre en las venas al ver tan elocuentemente reflejada la desesperación que había sentido al final de su vida. Según una burda traducción que no hace justicia a los versos en *yiddish* el poema decía:

El teléfono sigue mudo,
deseando desesperadamente sonar,
anhelando poder dar noticias
a quien espera oír una voz amiga.
Pero el teléfono no puede sonar, no es posible.
Nadie marca su número para saludar.
¿Dónde está toda la gente que conocí?
Todo el mundo se ha olvidado de mí, las líneas no suenan.
El teléfono permanece abandonado, rechazado, mudo.

Mientras leía el poema, mi corazón sufría por mi padre, quien claramente se sintió muy solo durante los últimos días. Deseaba que supiera lo equivocado que estaba acerca de su lugar en la sociedad, que la sala del funeral estaba abarrotada de gente que le quería y admiraba, que la casa se había llenado de cartas, cestas, flores y llamadas de teléfono que transmitían el dolor de su pérdida.

Pensé en lo irónico de las últimas palabras de mi padre, ahora que el *teléfono no cesaba* de transmitir mensajes de amor. De repente me detuve y me dirigí, como hechizada, hacia el dormitorio de mi hermano, donde empecé a escribir un poema.

El poema de mi padre llevaba por título: «El teléfono mudo». En cambio, al mío lo titulé: «El teléfono que no cesaba de sonar: una respuesta».

¡Oh, padre, el teléfono no deja de sonar!
La gente llama de todas partes, canta tus alabanzas,
habla de tu grandeza, elogia tu talento con suspiros
que salen del corazón y lágrimas que no cesan.
Es una tragedia, una amargura, que nunca sintieras
el amor y la estima que te rodeaba.
Y siento que debo decirles:
¿no deberíais haber dicho todo eso hace mucho tiempo
a quien necesitaba oírlo y quien… aún no lo sabe?
Ésa es una de las ironías del género humano, nuestro pecado:
decir lo que sentimos cuando ya es demasiado tarde.

Al acabar de escribir el poema, me encontré en un estado mental que algunos hubieran definido como un ensueño y otros como un «flujo», pero yo me sentía como en una especie de trance.

Mirando aquellas notas, sacudí la cabeza sin creer lo que había sucedido.

No me sorprendía haber escrito un poema, ni hallarme en aquel estado de aturdimiento, tampoco el haber estado escribiendo indebidamente en plena *shiva.* Lo que hizo que temblara de miedo fue el hecho de que yo, Yitta Halberstam –a quien todo el mundo le tomaba el pelo por su mal *yiddish,* alguien que apenas sabía escribir una frase elemental en la lengua de sus antepasados–, hubiera escrito un poema entero en un *yiddish* implecable y literario.

Mis padres siempre hablaban *yiddish* entre ellos, pero cuando yo era un bebé que crecía en Pittsburgh confundía los dos idiomas. El *yiddish* se hablaba únicamente en casa, y el inglés en el resto del mundo. Cuando tenía dos años y medio y apenas sabía hablar en ninguno de los dos idiomas, el pediatra le dijo a mi madre que me hablara tan sólo en inglés para evitar confundirme. Al cabo de pocas semanas, empecé a usar frases enteras en inglés, y mis padres ya no fueron capaces de volver a hablarme en *yiddish.* Así que aquí estoy, adulta, contemplando mi primer poema escrito en *yiddish,* y, por extraño que parezca, de manera impecable.

Estaba perpleja y atemorizada. ¿Cómo había sucedido?

Cuando más tarde enseñé el poema a mi madre y a mis hermanos, me miraron recelosos. Sabían que yo no era capaz de escribir algo así en *yiddish.* Pero todos habían visto cómo me había recluido en el dormitorio de mi hermano y había salido con el poema en la mano. Estaba claro que no podía haberme ayudado nadie, pero… ¿de dónde había salido aquel poema?

Dos días más tarde, volví a instalarme en la cocina en un receso de visitas, y una vez más me sentí invadida por las musas que parecían habitar aquel espacio. Allí era donde mi padre solía trabajar siempre, de modo que ahora, en el período que siguió a su muerte, parecía que aquel lugar se había elevado a la categoría de santuario.

Contemplando su lugar de trabajo, observé que la lámpara de mi padre –una antigua lámpara de pie– estaba arrinconada en una esquina, e imaginé que se sentía triste. «Qué sucede con las posesiones de un hombre cuando éste desaparece?», me pregunté. ¿Sentirán también la pena de su ausencia? Una vez más me sentí transportada a un universo diferente. La sensación de trance volvió; de nuevo fui a la habitación de mi hermano, tomé papel y lápiz, y escribí un segundo poema, éste era un canto a: «Una lámpara de pie».

La lámpara de pie que usaba mi padre pasa la shiva *sola.*
Nadie presta atención a sus lamentos, nadie escucha sus gemidos.
Ella no comprende la ausencia de su amigo,
del hombre con quien guardaba un vínculo;
aquel hombre de las palabras de fuego: ¿dónde poder encontrarle?
La brillante luz de la lámpara ayudaba al hombre a crear.
Después de todo, ésa era su misión en la vida: iluminar.
Pero el vínculo se ha roto repentinamente,
y de los dos sólo la lámpara permanece, inerte.
Nació con un propósito en la vida y ahora
ha quedado abandonada en un rincón, triste y olvidada.
Nadie la mira, nadie la necesita, ha sido ofendida.
Contra su deseo, su misión en la vida ha concluido.
La lámpara está apagada, su luz se ha ido.
La luz de mi padre se ha apagado.
Y ahora todos estamos sumidos en la oscuridad.

Al acabar este segundo poema me sentí todavía más perpleja que cuando escribí el primero. Una vez más me había expresado en un *yiddish* literario, en un *yiddish* que desconocía, que no me pertenecía. Pero, si no era mío aquel escrito ¿de quién era?

Una semana más tarde, el *Algemeiner Journal,* un seminario *yiddish* para el que mi padre había trabajado como editor y columnista, publicó mis dos poemas. Las personas que no eran amigos cercanos y que no conocían mi historial lingüístico me felicitaron efusivamente y elogiaron mi trabajo. Pero quienes me conocían bien y sabían mis esfuerzos por dominar ese mismo idioma que ahora contemplaban impecablemente impreso se me acercaban escépticos por las calles de Brooklyn.

Se dirigían a mí con estas palabras más o menos:

—Yitta, te he oído hablar en *yiddish,* y sé que nunca antes has escrito un poema en *yiddish,* así que dime la verdad, ¿quién ha escrito esos poemas?

Como yo misma me había hecho esa pregunta, contestaba diciendo lo que yo creía la única verdad posible:

—Mi padre.

Según la Cábala, durante los siete días de la *shiva,* el alma del difunto vaga por la casa para contemplar a los miembros de la familia en sus últimas expresiones de anhelo y para intentar asegurarles bienestar. El espíritu del difunto no está todavía en transición, de un modo misterioso que nos es ajeno, está presente entre la familia mientras ésta llora la pérdida.

Al final de la *shiva,* es costumbre entre muchos judíos ortodoxos dejar la casa y dar una vuelta a la manzana escoltando al alma, que abandona para siempre el hogar familiar.

Nunca escribí un poema en *yiddish* antes de la muerte de mi padre, y nunca escribí ninguno después. Teniendo en cuenta todas las posibilidades que racionalmente explicarían cómo utilicé unas palabras que apenas conocía, podría llegar a una sola conclusión: los poemas eran obra de mi padre, fueron su último esfuerzo creativo y una manera única y admirable de despedirse de mí.

YITTA HALBERSTAM

Agradecimientos

Yitta y Judith desean agradacer a:

Nuestro extraordinario agente de prensa, Carol Mann, y a nuestra maravillosa editora.

A Barbara Berger, de Sterling Publishing, por llevar este proyecto a buen término con habilidad, paciencia, cortesía y muchísima inteligencia. También de Sterling, queremos agradecer a Yeon Kim el bello diseño del interior del libro; a David Ter-Avanesyan, su magnífica cubierta, y a Josh Redlich, de publicidad, su gran profesionalidad y pensamiento creativo. Gracias también a la producción de González Defino y a la meticulosa correctora Patricia Fogarty.

Yitta quiere dar las gracias a:

Geri Weiss-Corbley, redactora y editor de: www.goodnewsnetwork. org, una página ciertamente inspiradora, y a Patricia Raskin, productora y presentadora de los maravillosos programas *Patricia Raskin's Positive Living* (http://patriciaraskin.com); dos grandes mujeres que con gran magnanimidad me abrieron sus corazones y colgaron mis propuestas en sus páginas webs y en sus blogs. También agradezco a John W. Sloat, creador y conductor de la página www.BeyondReligion.com, por abrir generosamente su sitio web y ayudarme con gran valentía a localizar historias. Los tres fueron más allá del mero cumplimiento y se esforzaron al máximo por ayudarme.

El Dr. Bernard Beitman —un psiquiatra de actitud abierta que ha estudiado las sincronicidades y trabaja en el desarrollo de un nuevo campo interdisciplinario sobre el estudio de las coincidencias–, que me ayudó dirigiéndome a varios profesionales y páginas webs relacionadas también con este campo. El Dr. Mordechai Paldiel se esforzó extraordinariamente en ayudarme a seguir la pista de un individuo especialmente difícil de encontrar. John and Patty Gallagher, queridos propietarios de la farmacia Harrico de Brooklyn, intentaron valerosamente también conectarme con otras fuentes. Valoro especialmente a Barbara Sofer, una eminente periodista israelí que hizo un esfuerzo extraordinario por ayudarme a conseguir un testimonio.

El rabino Joseph y Devorah Telushkin son unos verdaderos ídolos que realmente cumplen lo que prometen. Les agradezco su valor, su amabilidad y su extraordinario deseo de ayudarme siempre.

Ginny Duffy y Bill Cunningham, quienes hicieron lo mismo, son personas con una voluntad férrea y un espíritu «sí se puede» indomable.

A Elie Wiesel, mi héroe y amigo de mi difunto padre, que siempre me ha tratado con una amabilidad extrema.

A Lawyer Jonathan Raven, a quien conocí vía e-mail; hizo lo imposible por ayudarme a conseguir una historia determinada, una fuente de ayuda, amabilidad y apoyo.

Cuando en 1997 se publicó el primer libro de *Pequeños milagros*, Charlie Bono me envió una amable carta y desde entonces hemos estado en contacto, y también él ha hecho unos esfuerzos impresionantes para respaldar mi proyecto.

A Liza Wiemer, una escritora extremadamente talentosa y una amiga fiel, fuente de amor y de apoyo. Su ánimo, su optimismo y sus consejos son ilimitados.

Si existen dos personas que personifiquen la bondad son Steve Eisenberg y Zeldy Lustig. Su respuesta habitual a cualquier demanda es «sí», o bien «por supuesto».

Lo mismo es aplicable al rabino Meir Fund, líder espiritual de la Congregación Shives Achim de Brooklyn. Ojalá el mundo estuviera lleno de gente como él.

A Raizy Steg y Pesi Dinnerstein, dos amigos increíbles, dos pilares de amor, apoyo y coraje que ayudan a cualquiera que se lo pida. Son unos seres humanos impresionantes, y para mí han sido una bendición.

Si bien mi relación con Azriela Jaffe ha sido particularmente vía e-mail, ella ha representado en mi vida una fuente inagotable de consejo, apoyo y amor.

Muchas gracias también a Etta Ansel, Nechama Schreibman, Chaya Sora Sokol, Chanie Reicher, Nechama Rubin, Miriam Maney y Bella Friedman por estar en mi vida.

Un plus extraordinario en la tarea de trabajar en la serie de *Pequeños milagros* ha sido el acrecentar mi amistad con Judith Leventhal, una chiflada Lucy para mi más reposada Ethel. Nuestros maridos todavía no lo entienden, pero ha funcionado.

A mis maravillosos compañeros de la revista *AMI* por su constante amabilidad, por su tolerancia y comprensión frente a mis ausencias durante el tiempo que dediqué a este libro.

Especial mención a Chaya Laya Moskowitz, Malky Weinberger y Esty Cinne por ser siempre de tanta ayuda en miles de cosas. Basha Majerczyk es una de las mujeres más brillantes que conozco, es un enorme privilegio trabajar con ella y haberla tenido al lado para mejorar mi prosa.

Rechy Frankfurter, editora de la revista *AMI,* me deja siempre con la boca abierta. ¿Cómo es que lo sabe todo?

Mi hermana, Miriam Halberstam, es una brillante escritora que me da lecciones de humildad, ha sido una de mis mayores apoyos. Me anima constantemente y se siente tan orgullosa del éxito de *Pequeños milagros* como si fuera propio (de modo artero, en las librerías va cambiando de sitio los libros para asegurarse de que estén siempre en un primer plano).

A mi hermano, Moishe Halberstam, y a su mujer, Evelyn, por su amor y su apoyo; y a sus hijos Chaya y Eli por aportarme su alegría, pura y desbordante.

A mi suegra, Sima Mandelbaum, por su apoyo continuo e incondicional, y a mis cuñados y cuñadas, Chaim y Baila Mandelbaum, y Chaya y Yeruchem Winkler.

A mis maravillosos y sorprendentes hijos, Yossi y Hena Mandelbaum, y Eli y Channa Mandelbaum. Yossi, que es una «crac» en tecnología, ha intentado «introducir» los libros anteriores de *Pequeños milagros* en multitud de creativas e inusuales maneras. Cuando Eli era un crío, él solo (yo no tenía ni idea de lo que estaba haciendo), reseñó el libro *on line* firmando con el nombre de Dr. Freud Popo (¿Popo?). El extraño pseudónimo que eligió presagiaba su carrera de psicólogo. Y nadie podría pedir unas nueras más extraordinarias, más cariñosas y más serviciales que las mías.

A mi padre, el rabino Laizer Halberstam, que invirtió mucho en mí y me enseñó todo lo que sé, y a mi madre, Claire Halberstam, que me amó por encima de todo.

A mi rabino e inspirador Shlomo Carlebach, quien siempre trajo el cielo a la tierra, amor a la gente y gente a la vida, y dio un gran impulso a mi primer libro, *Holy Brother*. Y, finalmente, *acharon acharon haviv* (el último lugar se reserva al más amado), a mi querido esposo, Motty, quien siempre ha apoyado mis intentos, incluso cuando discurrían por caminos no trillados y hacían levantar alguna que otra polémica. Su brillantez, su singularidad, su extraordinaria gentileza, amor y humanidad han llenado mi vida de la mayor riqueza. Es mi principal maestro, las alas con las que vuelo.

A Judith le gustaría…

… ofrecer un reconocimiento especial a Yitta Halberstam. Muchas veces, los socios empiezan con una base sólida y luego, a lo largo del camino, surgen cuestiones que hacen que la base se desplome. En el caso de nuestra asociación, cuanto más conozco a Yitta, cuanto más privilegio tengo de observar su trabajo, cuanto más veo el modo en que se entrega desinteresadamente a quien lo necesita, más me siento en deuda con ella. Hemos escrito un *best seller*, pero ese privilegio palidece si lo comparamos con la bendición que supone contar con Yitta en mi vida.

Me gustaría dar las gracias a Pesi Dinnerstein, que ha sido una luz en mi vida. Pessi se ha mantenido siempre firme en su apoyo, con la firmeza en que un faro se enfrenta a las olas que estallan contra él. No importan las mareas que puedan llegar, su valeroso apoyo es algo en lo que siempre puedo confiar.

Ashira Edelman es una persona que siempre se esfuerza en crecer. Su perspicacia y sabiduría siguen nutriéndome, es una fuente de inspiración para todos los que tienen la suerte de conocerla y trabajar con ella.

Aviva Feldman tiene un modo extraordinario y único de ver las cosas, y ello constituye su férreo compromiso a llevar una vida honesta y sencilla, lo que ha hecho de ella una gran caja de resonancia para las ideas que se reflejan en este libro. Por todo ello y mucho más le doy las gracias.

Civia Cahan cuenta con un humor y una inteligencia que aportan mucho a mi vida. Le agradezco su apoyo constante e incondicional. Es un verdadero regalo tener una amistad que abarca varias décadas.

Quiero dar las gracias a Leah Gubitz. A veces hay gente que entra en tu vida como una ventana que te ayuda a ventilarlo todo. Al compartir conmigo sus experiencias vitales, Leah despejó las nubes que me rodeaban, y eso permitió echar un vistazo al Más Allá.

Tova Max, a pesar de ser una persona muy joven, tiene la sabiduría de un anciano, y constantemente señala el camino hacia un sendero aún más esclarecedor. A veces, yo lidero y ella me sigue; a veces es ella la que lidera; de cualquier modo, ha sido un viaje enriquecedor.

Quiero dar las gracias a mi madre, que siempre ha esperado mucho de mí y ha pedido que yo esperara mucho de mí misma. Fueran cuales fueran mis logros, mi madre siempre los ha aplaudido y ha hecho que apuntara más alto. No tiene límites en lo que se refiere a su reconocimiento, admiración y apoyo a sus hijos. Cuento con la bendición de tener una madre que ha vertido tanto amor en mí que puedo recoger el testigo y verter todo ese amor en mis hijos.

Doy las gracias a mis dos hermanas. A mi hermana Hedy Feiler y a su marido, Myer, juntos han criado unos hijos a los que me siento orgullosa de llamar familia: Jack y Huvie, Aviva y Tzvi Yisroel Rachelli, David y Mimi, Anschel y Ettala y Hershy. Sus hijos, sus extraordinarias personalidades, sus canciones y sus danzas iluminan las reuniones familiares y nos aportan alegría a todos.

Mi hermana Esty y su marido, Jordan, llenan nuestras vidas de humor y amor. Sean cuales sean las circunstancias, Esty siempre encuentra el modo de hacer reír a todo el mundo. Un saludo especial a su hijo Aron Tzvi, a quien todos adoramos.

Y, finalmente, deseo dar las gracias a mi marido, Jules, quien siempre ha sido mi mayor apoyo –le debo tanto que es imposible expresarlo en palabras–; y a nuestras tres hijas, que son nuestras tres radiantes estrellas: Arielle, Shira y Tehilla. Sois mi inspiración, mi bendición, mi Más Allá.

Unas últimas palabras de Yitta y Judith:

Un último agradecimiento a… Dios. Existen muchísimos más escritores y libros en el universo que merecen captar la atención de las gentes. Cada año se editan miles de nuevos libros y, a veces, tristemente, los mejores caen en saco roto. Sabemos que la serie de *Pequeños Milagros* podía haber seguido esa suerte, y que sólo gracias a tu especial bendición se han vendido dos millones de ejemplares en Estados Unidos. Somos totalmente conscientes de ello, y siempre te lo agradeceremos enormemente.

Colaboradores

Winnie Alley siempre quiso escribir. Le encanta viajar y tiene especial interés por la espiritualidad y la metafísica. Vive en Bedford, Nueva Escocia. Su historia «Going Up» fue publicada en la revista *Elevator World*.

Cheryl Anderton, enfermera jubilada, es madre y abuela. Es también música y estudiante de genealogía. Su marido es un piloto de aviación retirado, después de treinta y cinco años de profesión, la pareja se trasladó a su lugar de nacimiento, Winchester, Tennessee, la ciudad en la que transcurre la historia que se cuenta en este libro.

Bernard Beitman es el primer médico psiquiatra, después de Yung, que ha investigado la sincronicidad. Es padre de una nueva disciplina llamada Estudio de las coincidencias. Graduado en Yale y Stanford y antiguo presidente del Departamento de Psiquiatría de la Universidad de Missouri-Columbia, ha recibido dos premios nacionales por su programa de enseñanza de psicoterapia. (Para más información, véase la página www.drbeitman.com).

Cindy Lubar Bishop nació y creció en White Plains, Nueva York. Trabajó muchos años en el teatro con el director Robert Wilson, produjo espectáculos teatrales por cuenta propia y realizó tres documentales. Cindy vive con su marido, Neil, en Santa Rosa, California, y realiza un tratamiento que combina la sincronicidad y el trabajo con los sueños.

Rea Bochner es escritora profesional y editora, además de columnista en la revista *AMI*. Cuando no escribe, Rea es madre a tiempo completo, lavandera, chef, peluquera, ama de casa y mediadora. Vive en New Jersey con su marido, tres hijos, y montones de ropa limpia que espera ser recogida.

Jamie Cat Callan es autora de los *best sellers French Women Don't Sleep Alone, Bonjour Happiness!* y *Ooh La La!: French Women's Secrets to Feeling Beautiful Every Day*. Es también la creadora de *The Writer's Toolbox: Creative Games and Exercises for Inspiring the «Write» Side of Your Brain*, y posee un montón de botas.

Lindsey Cresswell es una empleada de banca que vive con su marido, Colin, y sus dos hijos, Scott y Jack, en Durham, Reino Unido.

Bill Cunningham es un escritor que vive en Miami, y sus principales intereses residen en la espiritualidad y la poesía. Considera que la felicidad de la vida se basa en la familia y los amigos.

Alina S. Fenton nació en Cuba, lugar en el que pasó una infancia, recuerda, feliz y despreocupada. Todo cambió cuando Fidel Castro llegó al poder en 1960. Cuando tenía diez años, su familia dejó la isla y empezó una nueva vida en Miami. En 1969, Alina se casó con su enamorado de la universidad, Jimmy Fenton. Jimmy trabajó en la empresa Exxon Company durante treinta años, y la familia se trasladó en numerosas ocasiones. Alina fue una ama de casa, siempre estuvo en casa, haciendo sitio para los zapatos, arreglando las plantas, haciendo trabajos manuales y objetos de artesanía, y siempre ocupada con sus hijos. En 1989 un amigo cercano le sugirió que viajara a México a comprar utensilios de peltre para vender a los amigos y así fue cómo Fabulous Mexicrafts llegó a ser un negocio de gran éxito que duró dieciséis años. En 1994 Alina y su marido sufren una pérdida terrible, inimaginable: su hijo muere asesinado en su propia comunidad, en Coconut Grove. En la actualidad su hija Alison está casada con un hombre cariñoso y tiene tres sanos y hermosos hijos. En el noviembre próximo, Alina y su marido celebrarán su cuarenta y cinco aniversario de boda.

B. Lynn Goodwin es propietaria de Writer Advice: www.writeradvice.com, y autora de *You Want Me to Do What?, Journaling for Caregivers*. Tiene publicados numerosos relatos y ensayos en revistas locales y nacionales, también online. Antigua profesora, dirige talleres de escritura y realiza reseñas en el Story Circle Network.

Lois Greene Stone, escritor y poeta, ha sido publicado en todo el mundo. Su poesía y sus ensayos se encuentran en numerosas antologías. Su colección personal de artículos, fotografía y recuerdos se hallan incluidos en las doce sedes del Smithsonian Museum.

Cena Gross-Abergel nació y creció en Los Ángeles y fue la pequeña de tres hermanos. Sus padres fueron la primera generación de norteamericanos con raíces polacas y húngaras. Lleva casada más de treinta y ocho años y es madre y abuela. Está encantada de haber podido rendir tributo a su madre, Sarah, de ochenta y cuatro años, la protagonista de la historia de este libro, la cual vive en Culver City, California.

Faigie Heiman, un consumado escritor de relatos cortos, nació y creció en Brooklyn, Nueva York, y vive en Jerusalén desde 1960. Es autor de una popular autobiografía titulada *Girl for Sale,* publicada en honor de su madre en su cien cumpleaños.

David Kukoff es guionista, profesor y escritor. Su primera novela, *Children of the Canyon,* la historia de un muchacho de Los Ángeles, en la década de la contracultura de los años setenta, fue publicada en marzo de 2013, y reeditada en edición especial en febrero de 2014.

Cheryl Kupfer es la hija de dos polacos, sobrevivientes del Holocausto, cuyos padres y numerosos hermanos, sobrinos y sobrinas fueron aniquilados por los nazis. Cuenta que lo primero que vieron sus ojos mientras estaba en brazos de su madre fueron los números azules que ésta llevaba tatuados en el brazo. El recuerdo que tiene de sus abuelos eran las velas del *yahrzeit* y las apariciones que creía ver en torno a la sinagoga, cuando de pequeña la echaban de allí mientras los adultos recitaban el *Yiskor,* la conmovedora plegaria que se reza en nombre de los difuntos de la familia.

Karen M. Jordan es una profesora de lengua y locución nacida y criada en la ciudad de Nueva York. Es una orgullosa madre de dos hijos, Michael y Debra. A Karen le gustaba escribir desde pequeña, pero ésta ha sido su primera narración publicada.

Dot Lenhart es un jardinero profesional y un observador de pájaros aficionado que vive en Vermont.

Robin Davina Meyerson, antes de seguir los dictados de su corazón y dedicarse a su familia y su comunidad, fue directora de marketing y comunicaciones de la empresa Fortune 200. Se crio en Australia, Malasia y Europa, y conoció diversas culturas. Robin alimentó sus creencias judías con la escritura de su primer libro, *A Son Returns*. Fue cofundadora y editora de la revista *Jewish Spirit* y trabajó en la junta directiva de la Jewish Tuition Organization recaudando millones de dólares para becas de colegios judíos. Participó como voluntaria en la Jewish Burial Society (Chevrah Kadisha), donde colaboraba amortajando los cuerpos para los funerales. Ayudó a crear las páginas www.jewishdeathandmourning.org y www.peace-fulreturn.org. Es madre de cinco hermosos hijos y lleva orgullosamente casada treinta y tres años. Se puede contactar con ella en esrdmtraveldiscovery@cox.net.

Penina Neiman es una escritora *freelance* de literatura de no ficción. Está especializada en la temática espiritual, y ha publicado cientos de veces en diversas revistas judías. Recientemente ha publicado junto a otro autor un exitoso libro, *The Mountain Family: An Appalachian Family of 12*, y *Their Fascinating Journey to Judaism*, publicado por Shaar Press.

Joan Otto se casó con Howard Otto, el amor de su vida, en 1954. Estuvieron casados cincuenta y cinco años, hasta la muerte de Howard. Tuvieron cinco hijos, trece nietos y seis biznietos. ¿Qué más puede uno pedir?

Erin Pavlina es maestra espiritual, asesora y escritora. En el blog de su página www.erinpavlina.com, ha publicado más de setecientos artículos, leídos por más de un millón de personas del mundo entero.

Gail Raab, licenciada en periodismo por la Universidad de Memphis, ha escrito y producido diversos trabajos publicitarios para la WSB de Memphis, y ha escrito una columna titulada «Gab with Gail Raab» (Charlar con Gail Raab) que se publicaba en el *The Birmingham Jewish Star*. Ha leído cientos (quizás miles) de libros sobre la vida después de la muerte y en su propia existencia ha experimentado numerosos milagros relacionados con el Más Allá.

Jonathan Raven es un experimentado abogado y consejero empresarial, además de un empirista, como él mismo se define, cuyo interés en el comportamiento le llevó a observar las cosas invisibles al ojo humano que hacen que la experiencia convierta al individuo en un ser único, extraordinario y predecible e inexplicable a un tiempo.

Anna Rawlings experimentó la pérdida de su hermano, y eso la llevó a emprender un camino largo y a veces desafiante. Tuvo que enfrentarse a la aceptación de esa repentina muerte y lo hizo redefiniendo su vida, en un momento en que estaba iniciando su carrera a la vez que inició su carrera de maestra. La escritura y el periodismo formaron parte importante de su proceso de sanación, fuente de sus historias en este libro. Anna es maestra, imparte talleres y es terapeuta de Holistic Pulsing (técnica de relajación delicada pero intensa). El interés de Anna estriba en trabajar con niños sensibles y con personas que experimenten estrés y ansiedad, así como servir de apoyo a sus familias. Vive en Sydney, Australia, con su marido, dos hijos pequeños y un perro labrador, Charlie. Su página web es: annarawlings.com.

Liliane Aura Ritchie ha conmocionado la vida de miles de personas con su sabiduría y su afabilidad por medio de sus escritos, enseñanzas, dibujos y coaching. Ha publicado *Masters and Miracles: Divine Interventions* y *A Gift of Love: Holding On to Your Highest Dreams and Answers from Above: Connecting,* libros que pueden encontrarse en su página web: http://www.refuah.net/gallery.php, y en Amazon.com. Ella y su marido, el Dr. Dr. Joshua Ritchie, viven en Jerusalén y tienen cinco maravillosos hijos.

Shaul y Brany Rosen son los fundadores y directores de A TIME, una elogiosa organización que ofrece servicios legales y educativos, guía y ayuda a parejas judías que se enfrentan a la infertilidad y optan por la salud reproductiva. Para más información: www.atime.org.

Hindy Rosenberg estuvo durante veinte años al cuidado de su madre, Miriam Perlstein, la protagonista de la historia de Auschwitz de este libro, cuando ésta sufrió un ataque de apoplejía. Hindy cree que todo lo que es hoy en día se lo debe a su madre, una mujer indomable, inolvidable y adorada que falleció el pasado año.

Laya Saul es conocida por su galardonado libro de autoayuda para jóvenes *You Don't Have to Learn Everything the Hard Way-What I Wish Someone Had Told Me*. En sus páginas webs podéis encontrar coraje e inspiración: www. AuntLaya.com and www.NurturingWomen.com.

Bina Simon es enfermera, esposa y madre, y reside en Chicago.

Chaya Sarah Stark es una cantante, bailarina, actriz, escritora y docente que reside en Brooklyn con su familia. Escribió su historia en recuerdo de su amado padre, Ephraim ben Yitzchok Isaac Schwartz.

Leslie Weistreich es un hombre de negocios que vive en la ciudad de Nueva York. Tiene tres hijos (un hijo y dos hijas). Dedica gran parte de su tiempo libre, energía y recursos a organizaciones estadounidenses e israelíes que colaboran con la comunidad judía.

Liza Wiemer es autora de dos libros de no ficción: *Extraordinary Guidance: How to Connect with Your Spiritual Guides,* publicado en Random House, y *Waiting for Peace: How Israelis Live with Terrorism,* publicado en Gefen Publishi. Su novela para jóvenes adultos *Hello?* será publicada en 2015 por Spencer Hill Contemporary. Se puede contactar con ella a través de las siguientes páginas webs: www.WhoRuBlog.com y www.goodreaders.com/author/show/ 433276. Liza Wiemer, así como en Twitter@LizaWiemer.

Daniel S. Wise es dramaturgo, director, productor y escritor. Sus obras de teatro han sido representadas en Nueva York –en on Broadway y off-Broadway–, y también en Japón, Rusia, China, Corea del Sur, Taiwan, Inglaterra y Sudáfrica. Está ordenado como rabino.

Índice